탓하지 않는 육아

다나카 야스오 지음
일본콘텐츠전문번역팀 옮김

탓하지 않는 육아

발달장애를 넘어
'이해하기 힘든' 아이의 세계에 공감하기

이담북스

프롤로그

먼저 이 책을 읽어 주셔서 진심으로 감사드립니다. 이 책은 아이의 성장을 걱정하는 보호자 분들을 위한 책입니다. 서점에는 이미 '발달장애' 관련 서적이 넘칠 정도로 많습니다만, '우리 아이가 발달장애가 아닐까?' 하고 염려하거나, 주변 사람들이 자주 지적하는 아이의 행동에 대해 고민하며 막연한 '불안'을 느끼는 보호자 분들께 도움이 되었으면 하는 마음으로 이 책을 만들었습니다.

이 책의 구성에는 편집자인 나카모토 도모코 씨와 믿음직한 대필 작가인 나카노 아키코 씨가 참여했습니다. 나카노 씨는 제1부의 열두 가지 사례를 구성해주셨습니다. 제가 직접 했다면 픽션이라고는 하나 비밀 누설 금지 의무를 위반할 우려가 있기 때문입니다.

풍부한 취재 내용을 바탕으로 작성된 사례를 읽고 있으니, 마치 제가 진찰실에서 아이를 데리고 온 가족과 직접 이야기를 나누는 듯한 착각이 들 정도였습니다. 저는 이 열두 가지 사례를 읽으며 이에 대한 제 생각과 대응 방법을 적었습니다. 아직 상담받을 여건이 되지 않으시다면 진찰실이 아닌 곳에서 편하게 대화를 나눈다는 생각으로 읽어 주시면 좋겠습니다. 저 또한 사례에 등장하는 아이들과 가족들이 실제 눈앞에 있다고 생각하며 그들이 느끼는 당혹감, 고민, 괴로움을 어떻게 이해하고 접근해야 할지 열심히 고민했습니다.

진찰실을 방문한다면 시간을 들여 여러 번 이야기를 나눌 수 있겠지만, 실제 상담 내용은 생각보다 생활환경이 복잡하게 뒤섞여있어 제대로 정리하기가 어렵습니다. 이것이 저희가 평소 연구에서 시행착오를 겪는 이유이기도 합니다.

제2부에서는 열두 가지 사례의 핵심을 설명합니다. 이 핵심은 각각의 아이들과 가족들을 대하고 여러 관계자를 활용하는 방법을 생각한 결과, 아이를 '발달장애'라는 틀에 가두지 않는 것이 매우 중요하다는 필자의 생각에서 출발했습니다. 발달장애 아동의 가족을 지원하는 관계자 여러분은 제2부를 먼저 읽는 편이 이해가 빠를 수 있습니다. 보호자 분들은 열두 가지 사례 중 필요한 부분부터 읽고 참고할 만한 내용을 발견할 수 있기를 희망합니다.

이 책이 여러분들의 생활에 조금이라도 도움이 되기를 바랍니다.

한국와 일본의 영유아 건강검진

우리나라의 영유아 건강검진은 생후 14일부터 71개월까지의 미취학 아동을 대상으로 합니다. 원서에서 밝힌 일본 영유아 건강진단과 달라 대상 연령에 맞춰 수정했습니다.

한국

차수(대상 연령)	검진 항목
1차(생후 14~35일)	문진 및 진찰, 신체계측, 건강교육
2차(생후 4~6개월)	문진 및 진찰, 신체계측, 건강교육
3차(생후 9~12개월)	문진 및 진찰, 신체계측, 발달선별검사 및 상담, 건강교육
4차(생후 18~24개월)	문진 및 진찰, 신체계측, 발달선별검사 및 상담, 건강교육 + 구강검진
5차(생후 30~36개월)	문진 및 진찰, 신체계측, 발달선별검사 및 상담, 건강교육 + 구강검진
6차(생후 42~48개월)	문진 및 진찰(귓속말검사), 신체계측, 발달선별검사 및 상담, 건강교육 + 구강검진
7차(생후 54~60개월)	문진 및 진찰, 신체계측, 발달선별검사 및 상담, 건강교육 + 구강검진
8차(생후 66~71개월)	문진 및 진찰(예방접종확인), 신체계측, 발달선별검사 및 상담, 건강교육

일본(2021년 자료 기준)

건강진단 시기	검진 항목
2주아 건강진단	
1~2개월아 건강진단	
3~5개월아 건강진단	신체 측정 · 진찰 · 육아 상담
6~8개월아 건강진단	
9~12개월아 건강진단	
1세 6개월아 건강진단 (의무)	신체발육상황, 영양 상태, 피부질환, 구강질환, 운동장애, 정신발달, 언어장애, 예방접종 실시 상황, 양육상의 문제 사항 등
3세아 건강진단(의무)	신체발육상황, 영양 상태, 피부질환, 눈 질환, 구강질환, 운동장애, 정신발달, 언어장애, 예방접종 실시 상황, 양육상의 문제 사항 등
4~6세아 건강진단	신체 측정 · 진찰 · 육아 상담

* 참고

후생노동성(厚生労働省), "妊婦健診 · 乳幼児健診"(p.3, p.6).
URL: https://www.mhlw.go.jp/file/05-Shingikai-11921000-Kodomokateikyoku-Soumuka/koremade.pdf
아동가정청(こども家庭庁), "乳幼児健診について"(p.3~4).
URL: https://www.cfa.go.jp/assets/contents/node/basic_page/field_ref_resources/ce28e632-7504-4f83-86e7-7e0706090e3f/5a476375/20231122_councils_shingikai_seiiku_iryou_tWs1V94m_07.pdf

Contents

제2부 의료의 역할 − '진단명'을 넘어 아이에게 다가가기

제1부

부모의 이해
– 아이의 마음과 행동 이해하기

진찰할 때 중요한 것은?

　어느 날, 외래 진찰을 받으러 오신 건우(4세) 어머님이 난감한 표정으로 이야기를 꺼내셨습니다. "저희 아이가 유치원에서 친구들을 자꾸 때려요. 그래서 선생님이나 친구들이 건우를 '난폭한 아이'라고 생각하는 것 같아요. 물론 친구를 때리는 건 나쁜 행동이지만, 저희 아이에게도 그만한 이유가 있지 않았을까요?" 저는 어머님과 함께 건우가 어떤 마음으로 친구를 '때리는지' 상상해 보았습니다. 그러자, 다양한 이유가 떠올랐습니다.

　'다연이와 같이 놀고 싶어서 때렸을까?'
　'준성이의 장난감을 갖고 싶어서 자기도 모르게 손이 나간 걸까?'
　'채원이가 간섭하는 게 '싫어서' 때린 걸까?'

아이의 행동을 단순히 '난폭함'으로 받아들이느냐, 아니면 '때리는

행동을 통해 어떤 메시지를 전달하고 있다'고 받아들이느냐에 따라 아이에 대한 이해와 접근법은 크게 달라집니다. **'이 아이의 〈때리는〉 행위에는 여러 가지 의미가 담겨 있다'는 사실을 주변 사람들이 잘 인식하고 있는지도 중요한 포인트입니다.** 단, '때리는 행동 또한 의사표시'라는 이유로 건우의 마음만 생각하면 안 됩니다. '맞은 아이도 아파서 울었는데?', '맞은 아이의 부모도 화가 날 텐데.'와 같은 생각도 포함해 건우의 마음을 어떻게 이해하면 좋을지, 여러 측면에서 고려해야 합니다.

건우가 친구를 때렸을 때, 유치원 담임교사가 건우에게 "친하게 지내고 싶었던 거구나.", "화가 났구나."와 같은 말을 해준다면 건우는 '그렇구나. 나는 친구와 같이 놀고 싶어서 때렸구나.', '화가 난 거구나.'와 같이 자신의 마음을 인식하게 되고, 차츰 때리는 행동 대신 말로 표현할 수 있을 것입니다. 아이의 입장에 서서 함께 자신의 마음을 상대에게 전할 방법을 생각해 보고, "그럼, 선생님이랑 같이 가서 얘기할까? 다연아, 우리도 같이 놀자!"라고 말해주는 등, 교사가 나서서 아이들이 서로 어울리게 한다면 건우는 친구를 때리지 않고 놀게 될지도 모릅니다.

생각에서 비롯된 행동을 말로 표현하는 방법을 알려줄 필요가 있습니다. "지금 혼자 놀고 싶다면, 친구를 때리지 말고 '하지 마'라고 말해 보자."와 같이 교사가 먼저 시범을 보이는 겁니다. 건우는 적절하게 표현하는 법을 익힐 수 있고, 주변 친구들은 건우가 하고 싶었던 말을 이해할 수 있게 될 것입니다.

필요하다면 유치원 선생님과 상담해 봅시다. "당분간 선생님께

아이의 마음과 행동을 이해하는 과정

알아차리기(어려워하는 일)

건우는 유치원에서 친구들을 때린다

가정 이해(가설 세우기)

건우의 마음 상상해 보기

준성이의 장난감을 갖고 싶어서
자기도 모르게 손이 나간 걸까?

다연이와 놀고 싶어서
때린 걸까?

채원이에게는 방해받는 것이
'싫은' 마음이 행동으로 나간 걸까?

대응 제안(환경 조성 아이디어)

유치원 교사가 건우에게
시범을 보인다.

(선생님과 함께 가서)
준성이가 다 갖고 놀면
다음은 건우 차례야.

→ 선생님이 옆에서 장난감을 순서대로
가지고 노는 법을 가르쳐준다. "친구
차례가 끝났네. 다음은 건우 차례야."

선생님이랑 같이 가자.
다연아, 우리도 끼워 줘!

→ 유치원 교사가 다연이와
놀이를 연결해주는 역할
을 한다.

채원이에게 놀이를
방해받고 싶지 않을 때는 때리지 말고
"하지 마."라고 말하면 돼.

→ 행동을 말로 바꾸는 방법을
꾸준히 가르친다.

서 건우의 마음을 통역해 주시면 어떨까요? 건우가 7살이 될 때까지 스스로 기분을 표현할 수 있게 되면 좋을 것 같아요."라고 요청할 수 있겠습니다.

한편, "아이가 초등학생이 돼서도 계속 친구를 때린다면 학교에 다니기 힘들겠죠?" 하고 불안할 수 있습니다. 그럴 때는 "일단 아이가 일곱 살이 될 때까지 지켜보고 다시 상담하시죠."라고 말씀드립니다. 아이의 상황이 변하지 않는다면 그때 부모님과 다시 상담합니다.

이해하기 힘든 아이의 언행 때문에 고민하고 힘들어하는 부모님과 함께, 아이의 마음을 이해할 수 있는 방법을 여러모로 생각합니다. 아이의 사소한 변화도 부모님에게 전달하고, 상황이 변하지 않을 때는 함께 견디면서 내일은 나아질 거라는 희망을 가지도록 응원합니다. 이것이 제가 상담하는 방식입니다.

마음과 행동을 알아가는 법

이 책의 제1부에서는 '발달장애' 진단을 받을 가능성이 있는 아이들의 이야기를 소개합니다. 아이들과 부모님, 그리고 그들을 둘러싼 주변 사람들의 심정을 떠올려보며 이들을 직접 만났다는 가정하에 서술했습니다. 어떤 점을 염두에 두고 아이들의 마음과 행동을 이해하고자 했는지 살펴볼까요?

아이의 말과 행동에 담긴 마음을 이해하기(가정 이해) - 먼저 그 아이의 마음을 상상해 봅니다. 무엇에 어려움을 느끼는지를 살펴보고, 지금 아이가 느끼는 감정이나 아이가 어떠한 점을 어려워해서 이런 행동을 했는지 헤아려 봅니다.

내담자의 마음에 다가가기 - 상담하다 보면 아이보다 부모님을 격려해야 할 때가 있습니다. 복잡한 심경으로 진찰실을 방문하는 부모님을 마주하고, 현재 상황이나 수용 가능한 정도를 파악하며 이야기하려고 노력합니다. 이때, 부모님이 지금까지 아이를 기르고 돌보며 얼마나 힘들었을지 위로하는 일이 중요합니다. 부모님의 기분을 가늠하는 과정 없이 '상담이 필요한' 아이들에게 다가갈 수는 없다고 생각합니다.

대응 방법 제안 - 저는 일상생활에서 실천 가능한 일을 함께 생각하는 것에 중점을 둡니다. 따라서 그 아이에 맞춘 '일상 대응 방안'을 제안합니다. 단순히 '장애 여부'나 '장애 또는 증상에 대한 대응'으로 바라보아서는 안 됩니다. '건우에게 맞는 대응 방법'이라는 시각, 즉 맞춤형 대응 방법을 중요시해야 합니다.

아이의 특징 - 각 사례의 마지막에 '아이의 마음과 행동에 다가가기 위한 힌트'를 남겼습니다. 아이를 이해하고 앞으로 함께 생활할 때 알아두어야 할 '아이의 특색과 대응의 핵심'을 정리한 것입니다. 걱정스러운 아이의 기질을 불안하게만 바라보지 않는다면 새로운 면을 발견할 수 있습니다. 곧 관점을 전환하면 긍정적인 면도 있다는 견해를 함께 소개합니다. 바로 이렇게 말이죠.

쉽게 불안해한다 → 신중하다. 자신을 위험한 곳에 데려가지 않는다

무모하다 → 다치지 않을까 걱정되지만, 도전 정신이 강하다

앞만 보고 돌진한다 → 목표를 향해 직진한다, 민첩하다

그리고 아이가 어려움을 느끼거나 서투른 부분이 있다면 "자존감이 쉽게 떨어질 수 있으니 주의가 필요합니다.", "아이가 창피하거나 불편한 감정을 잘 조절할 수 있도록 도울 방법을 함께 생각해 보시죠."와 같이, 주변 사람들이 그 아이를 대할 때 필요한 힌트를 제안합니다.

이처럼 사례에서는 **발달장애에 맞는 조언을 하기보다 '아이와 함께 행복하게 사는 법'**을 먼저 생각해 봅니다. 무엇보다 부모님들이 아이를 키우고 함께 생활할 때 행복하고 활기차게 지내시기를 바라는 마음을 담았기 때문입니다.

아이의 행동을 이해하기 힘들어하는 부모님에게는 "이렇게 상상해 보면 어떨까요?", "아이가 이런 마음일지도 모르겠네요."라고 제안합니다. 이를 통해 부모님이 아이의 마음을 이해하지 못하는 자신을 책망하거나, 의욕을 잃어버리거나, 육아를 포기하는 일이 벌어지는 것을 조금이라도 막고 싶습니다. 또, '아이의 마음을 상상하며 대하다 보니 아이와의 생활이 조금이나마 즐거워졌다.', '점점 성장하는 아이를 보면 기쁘다.', '무언가 각오를 다지게 되었다.', '함께 성장한다고 느끼게 되었다.', '육아에 작은 빛이 보인다'라고 느끼는 계기가 되기를 바랍니다.

발달단계에 따른 행동 양상 살펴보기

이 책에서는 열두 명의 사례를 '영유아기', '유아기', '취학기', '학령기', 이 네 가지 단계로 나누어 소개하고, 사례를 통해 아이들의 모습이나 부모가 느끼는 걱정, 검토해야 할 부분 등을 짚어봅니다.

미래를 내다보거나 혹은 과거를 되돌아보며 '현실'을 직시하면, 초등학생이 된 아이가 보이는 행동은 유아기의 경험에서 비롯된다는 점을 알 수 있습니다. 이러한 이해를 바탕으로 그 시기의 아이에게 무엇이 필요한지도 파악할 수 있지요. 그러므로 단계별로 파악해두면 각 시기의 아이들을 어떻게 키워야 할지 그 흐름이 눈에 들어옵니다. 자연스럽게 '영유아기에는 이러한 점을 놓칠 수도 있구나', '지금부터라도 이런 방법을 쓸 수 있구나' 등을 깨닫게 되지요.

'그때 이렇게 했더라면', '빨리 상담을 받았다면 좋았을 텐데' 하고 후회하는 분들도 있습니다. 그분들께는 '아이를 키우는 데 늦은 건 없다'고 딱 잘라 이야기합니다. 각 시기의 사례에 등장하는 부모와 자녀가 고군분투하는 모습을 보며 **'함께 고민하는 사람과 '지금'부터 시작해도 괜찮다. 어느 단계든 방법은 있다'**는 사실을 깨달으셨으면 좋겠습니다. 부디, 안심하기를 바랍니다.

영유아기(0~3세)
2세 전부터 나타나는 증상

아내는 자신의 임신 사실을 알고 나면, 아기가 태어난다는 기대를 품는 동시에 불안을 느끼며 출산을 맞습니다. 남편은 이제 어엿한 아빠가 되어야 한다는 생각에 자기도 모르게 주먹에 불끈 힘이 들어가겠지요.

드디어 아기가 태어납니다. 아기는 대개 생후 3개월이 되면 목을 가눕니다. 부모는 아기의 웃는 얼굴만 보아도 저절로 입꼬리가 올라가지요. 그 후, 아기는 초롱초롱한 눈으로 엄마를 찾고, 엄마가 아닌 사람에게는 낯을 가립니다. 그러는 사이 엄마와 아기 사이에는 조금씩 애착 관계가 형성됩니다.

1세 무렵까지는 조금 이상하다고 느끼는 점이 있어도 문제로 여기지 않습니다. 특히 아이를 처음 기르는 경우라면 '아기는 원래 이런가 보다.', '아직 어리니까.' 하고 대수롭지 않게 여기기도 합니다. 집안에서 보내는 시간이 많은 탓에 또래 아이들과 비교할 기회가 적을 수도 있습니다.

그러다 4차 영유아 건강검진*에서 의사**로부터 "손가락으로 가리키지를 못하네요.", "조금 발달이 느린 것 같습니다." 등의 말을 듣게 됩니다. 점점 **발달 지연일지 모른다는 부모의 불안이 표면화**되는 시기이기도 합니다.

또래 아이들과 다른 모습도 조금씩 눈에 띄기 시작합니다. 특히, (지자체에서 실시하는) 가족참여 프로그램이나 가족체험활동 등에 참가했다가 다른 아이들의 모습을 보고 '우리 아이는 아직 OO을 하지 못한다'는 사실을 강하게 인식하기도 합니다.

영유아기부터 시작되는 고민

영유아기에 부모가 유독 걱정하는 증상을 살펴봅시다.

- 밤중에 심하게 우는 등, 수면 리듬이 안정되지 않는다.
- 모유나 분유를 먹지 않고 이유식도 거부한다.
- 사람이 안아주는 등의 접촉을 극도로 싫어한다.
- 낯을 심하게 가린다.
- 유독 짜증을 심하게 부린다.

---

* 우리나라의 4차 영유아검진은 생후18∼24개월이 대상이다.

** 일본의 경우 보건사(保健師)로부터 검진을 받는다. 한국의 경우 의사에게 진료받으므로 원문의 '보건사'를 '의사'로 수정·표기했다.

- 몹시 까다롭다, 신경질적이다.

- 항상 뛰어다녀서 눈을 뗄 수가 없다.

- 누구에게나 호의적으로 다가간다(낯을 전혀 가리지 않는다).

- 눈을 마주치지 않아 무슨 생각을 하고 있는지 파악할 수 없다.

- 요구사항이 적다, 손가락으로 가리키지 못한다.

- 말을 전혀 하지 못한다.

부모는 아이를 유심히 지켜봅니다. 그러면서 '우리 아이는 왜 이렇게 손이 많이 갈까?', '다른 아이와 조금 다른 것 같아….'라는 막연한 불안이 서서히 '우리 아이에게 뭔가 특별한 문제가 있는 건 아닐까?'라는 의구심으로 바뀝니다. 이 걱정은 대부분 5차 건강검진 때까지 이어집니다.

이 시기에 가장 우려스러운 점은 아이 **엄마가 체력적으로도 정신적으로도 피폐해진다**는 것입니다. 핵가족화로 인해 가까운 곳에 기댈 수 있는 사람도 없고, 아이가 유치원 입학 전이라면 온종일 둘이서만 시간을 보내야 합니다. 한편, 아이의 일을 유일하게 상담할 수 있는 남편은 아이의 순간적인 모습만 보고 괜찮다거나, 아이들이 다 그렇다고 여기기 쉽습니다. 그래서 좀처럼 육아의 어려움을 알지 못하고 아내의 생각에도 공감하지 못하는 경우가 많습니다.

따라서 '도대체 우리 아이에게 무슨 일이 생기고 있는 걸까.' 하는 끝없는 의문과 '내 양육 방식이 잘못됐나?'라는 자책, 자신감 상실 속에 **고립된 부모-자녀 관계**가 형성되기 쉽습니다. 다행스럽게도 이 시기에 이용 가능한 **상담창구***가 마련되어 있습니다. 혼자서만 고민을 끌어안지 말고, 상담창구와 같은 시설을 적극적으로 이용해 보시기를 바랍니다.

'아이의 마음을 알 수 없다'는 고민

아이의 모습을 받아들이는 방법은 부모마다 다릅니다. 예컨대 아이가 편식하는 경우, 다양한 음식을 먹이려고 애쓰기보다 '우리 아이는 이걸 무척 좋아하는구나.'라고 담담하게 받아들이는 부모도 있습니다. 또, 언어 발달이 느린 아이를 두고 '우리 아이, 앞으로 괜찮을까?' 하고 심각하게 여기는 부모도 있지만, 아이의 마음을 잘 알아차리는 부모는 "OO라고 말하고 싶은 거구나!" 하고 아이의 말을 보충해주고 '나는 아이가 뭘 말하고 싶어 하는지 알 수 있어.'라고 긍정적으로 생각하기도 합니다.

한편 의사소통이 제대로 되지 않는다고 느껴 "아이가 뭘 원하는지 전혀 모르겠어요."라고 자책하거나 "똑바로 말해야지!"라고 강하게 감정을 표출하는 부모도 있습니다. 특히 이 시기는 말로 원활한 의사소통하는 것이 어려운 탓에 **어느 부모든 아이의 행동에 담긴 의미나 마음을 파악하기 힘들고, 어떻게 대응해야 좋을지 고민하고는**

---

* 지역 보건소나 아동센터, 육아종합지원센터 등 자세한 내용은 지자체나 관공서에 문의할 수 있다.

합니다. 그러니 소통의 어려움으로 **짜증스러운 마음을 느끼는 것은** 어찌 보면 지극히 자연스럽다고 할 수 있지요.

"제 양육 방식이 잘못된 걸까요?", "다른 부모 밑에서 자라는 편이 나았을 거예요."라고 말하는 분도 계셨습니다. 그러나 이 같은 발달 지연이 **부모의 양육 방식 때문이라고 말하기는 어렵습니다.**

부모의 잘못이 아닌 아이가 '힘들어하는' 것이 있기 때문

예를 들어, 안아주려고 해도 마구 보채면서 몸을 뒤로 젖히는 아이의 부모님에게 "아이가 신체적으로 민감하게 느끼는 부분은 없나요?"라고 물으면, "그러고 보니 양말 신기를 싫어해요.", "물에 젖는 걸 무척 싫어해요.", "옷이 몸에 닿는 것을 극도로 싫어해서 옷을 금세 벗으려고 해요."와 같은 대답이 돌아옵니다. 결국, 부모의 대응이 잘못된 것도 아이가 부모를 싫어하는 것도 아닙니다. **신체에 무언가가 닿으면 불안을 느끼는, 즉 아이가 신체 접촉을 힘들어할 가능성이 있음을** 알 수 있습니다.

아이가 칭얼거리면 보통 "아이를 안아주세요."라고 조언합니다. 물론 나름대로 일리는 있습니다만, **아이가 안겨 있기 힘들어한다고** 느꼈다면 "그럴 때는 옆에 가까이 있어 주시는 것만으로도 충분합니다.", "무리해서 신체 접촉할 필요는 없습니다."라고 조언하는 것도 아이와 안정적인 관계를 만드는 데 도움이 됩니다.

아이의 마음을 알 수 없을 때 자신이나 아이를 탓할 것이 아니라,

'아이가 무엇 때문에 힘들어하는 걸까?', '어떤 이유가 있는 걸까?'라고 관점을 바꿔보면 아이의 마음에 조금 더 가까이 다가갈 수 있을 것입니다.

다음 페이지부터는 아이가 출생한 후부터 유치원(만 3세)에 들어가는 시기에 해당하는 사례 4가지를 소개합니다. 주로 아이의 성장에 대한 불안이나 아이를 대할 때 겪는 어려움으로 고민하는 부모님, 특히 어머님들의 고민을 다룹니다.

짜증을 심하게 부리는 해준이(20개월)

해준이는 무언가가 마음에 들지 않을 때는 몸을 있는 힘껏 뒤로 젖히고 엄마가 안아주는 것도 거부한 채 팔다리를 거세게 흔들거나, "끼-끼-!", "아아~!" 하고 큰 소리를 내며 울어댄다. 예를 들어 유모차를 타고 갈 때 평소와 다른 길로 가거나, 자신이 좋아하는 장난감이 치워져 있으면 이런 상태가 되는데, 쉽게 가라앉지 않는다. 엄마가 무슨 말을 해도 해준이의 귀에는 들리지 않는다. 엄마는 어찌할 바를 몰라 쩔쩔맨다.

1세가 되면서부터 자기주장도 강해지고 드러누워서 떼를 쓰는 일이 잦아졌다. 초반에 엄마는 아이를 처음 키우기도 해서 '아이들은 원래 이런가 보다.' 하고 대수롭지 않게 여겼다. 그러나 시간이 갈수록 아이가 짜증을 부리는 강도는 점점 심해졌고, 급기야 머리를 벽이나 바닥에 찧는 행동을 보였다. 엄마는 그 모습을 보고 적잖이 충격을 받았고, 4차 영유아 건강검진 때 아이 상태가 어떤지 상담했다. 하지만 의사에게서 돌아온 것은 "이 시기 아이들은 원래 짜증을 잘 내요.", "아이를 더 많이 안아주세요."라는 말뿐이었다. 엄마는 그 말에 '안아주고 싶어도 아이가 거부하는 건데…', '내가 아이를 잘못 키우고 있는 건가.'라는 생각이 들어 우울하다.

아이가 슈퍼나 길 한복판에서 짜증을 부리기 시작하면 엄마는 어떻게 해야 할지 몰라 난처하기만 하다. 이것이 이른바 2세 전후에 나타난다는 '싫어싫어기'의 행동인지, 아이 성향이 까다롭기 때문인지, 아니면 아이에게 무언가 특별한 문제가 있는 것인지, 전문가에게 상담하는 편이 좋을지 모르겠다. 엄마는 그저 불안하다.

· **키워드**
아이의 짜증을 이해하고 대응하기, 아이를 안심시키는 방법,
4차 영유아 건강검진, 전문기관을 찾아야 하는 타이밍

짜증은 신뢰할 수 있는 사람에게 보내는 SOS

'짜증'은 아이가 자신의 감정을 표출하는 방식 중 하나입니다. 하지만 아이가 큰 소리로 울어대거나, 팔다리를 마구 흔들거나, 바닥에 대자로 드러누우면 부모는 난처하기 그지없습니다. 0~3세 무렵 아이들의 '짜증'에는 어떤 의미가 담겨 있을까요?

0세 배고픔이나 용변을 봐서 축축한 기저귀 같은 불쾌한 생리적 현상을 '해결해 달라'는 신호입니다. 부모는 이 같은 아이의 욕구를 적절하게 해소해주면서 아이를 달래는 법을 배우고, 아이는 자신의 욕구가 해결되면서 안심합니다.

1세 생리적 불쾌함 외에도 자신이 '이렇게 하고 싶다', '저렇게 하고 싶다'는 욕구를 표현하고 부모가 그것을 실현해 주기를 바랍니다. 아이는 이 같은 욕구가 해소될 때마다 안심합니다.

2세 '싫어!'라는 말로 자신의 의사를 더 명확하게 표시합니다. 아이가 느끼는 안심감의 크기에 따라 아이의 주장에도 다소 변화가 있습니다. 이 때문에 부모는 아이가 자신을 시험한다고 느낄 수 있으며 아이와 감정의 줄다리기도 합니다. 흔히 2~3세 시기를 가리켜 '싫어싫어기'라고 합니다.

즉, 아이에게 이 시기의 짜증은 '안심할 수 있는지 없는지를 확인하

기 위한 소통 수단'입니다. 동시에 '아이가 성장하는 과정에서 자신이 신뢰할 수 있는 부모에게 보낼 수 있는 SOS'라고도 할 수 있습니다. 부모는 아이의 표정이나 모습, 짜증이라는 소통 수단을 통해 그 아이의 의도를 읽어내려고 합니다. 아이는 자신이 짜증을 부렸을 때, 그때마다 부모가 어떻게 대하는지를 확인하고 안심감을 키워갑니다. **그러나 매우 심한 짜증은 '어떻게든 해 달라'는 절실한 구조 신호**일 수 있습니다.

전문가들이 부모에게 "아이들은 일상적으로 짜증을 부립니다. 그러니 더 많이 안아주시면 아이도 안심하고 그칠 겁니다."라고 말할 수 있는 경우는 그 아이가 보내는 신호가 아주 약할 때입니다. 아이가 태어났을 때부터 쭉 아이를 키우는 사람은 다름 아닌 부모입니다. 따라서 아이의 짜증 방식이나 세기를 아는 부모는 '우리 아이는 짜증을 잘 낸다', '고집이 세다' 등, 아이의 특징을 잘 파악하고 일상생활에서 적절한 방법을 취하기도 합니다. 아이를 기르는 과정에서 부모도 단련된다고 할 수 있지요. 그러나 해준이의 짜증은 안아주는 행위로 해결될만한 불안감이나 구조 신호는 아니라고 생각됩니다.

해준이의 짜증을 관찰한다

해준이의 사례를 간략하게 정리하면 다음과 같습니다.

초반에는 엄마가 '아이들은 원래 이런가 보다'라고 느낄 정도의 짜증이었지만, 점점 그 정도가 심해지면서 벽이나 마루에 머리를 찧는 모습을 보였다. 부모는 이 같은 아이의 행동을 다스릴 수 없을 뿐 아니라, 행동에 담긴 의도를 파악하지 못해 어려움을 겪고 있다.

즉, 지금까지 2년 가까이 아이의 성장을 가장 가까이서 지켜본 부모가 모든 수단과 방법을 동원해도 아이의 짜증에 숨겨진 커다란 불안을 해소하지 못한다는 것입니다. 그래서 결국 '우리 아이의 마음을 다 이해할 수 없다'는 자책감을 느낍니다.

제가 아이 어머님에게 이야기를 건넨다면, 먼저 "지금까지 아이를 기르시느라 무척 애쓰셨지요?"라고 그동안 수많은 시행착오를 겪으며 아이의 행동에 대응해 오신 점을 격려하고 싶습니다. 그리고 **'그 같은 방법을 사용해도 대응하기 힘든 아이'라는 인식을 공유**한 다음, 해준이의 짜증을 관찰해보자고 제안할 것입니다. **'언제 · 어디서 · 어떤 상황일 때 짜증을 부리고, 마지막에는 어떻게 상황이 종료되는가'를 어머님이 제삼자의 관점에서 관찰하도록 하는 것입니다.** '관찰 노트(예)'를 살펴봅시다.

관찰 노트(예) **아이가 짜증을 부릴 때**

· 평소와 다른 길로 걸어갔을 때 ······ ❶
· TV에서 특정 광고가 나왔을 때
· 아빠가 큰소리로 재채기를 했을 때

→ 예상 밖의 일이 일어나거나 갑작스러운 영상, 소리 자극을 불쾌하게 느끼거나 무서워하는 걸까? 평소 다니던 길로 돌아가거나, TV를 끄는 등, 아이가 싫어하는 요소를 없애자 짜증이 가라앉았다.

· 좋아하는 장난감이 치워져 있을 때 …… ❷
· 좋아하는 식사가 준비되지 않았을 때
· 억지로 깨웠을 때
· 자신이 좋아하는 옷을 입고 싶은데 그 옷이 없었을 때
→ '싫다'는 의사표시인가? "미안해."라고 말하고 식사나 옷 등, 아이가 희망하는 것을 해 주자 짜증이 가라앉았다.

· 목욕을 시키기 위해 욕실에 데리고 들어가려고 하자, 심하게 저항하며 머리를 바닥에 쾅쾅 찧기 시작했다
→ 싫어하는 마음은 알겠지만, 반응이 왜 이렇게 심한지 이해할 수가 없다…. 아이에게 그만두라고 말했지만 좀처럼 멈추지 않아 난처했다.

짜증의 의미를 파악하고 대책을 세운다

해준이의 모습을 통해 아이가 어떤 감정일지를 상상하며 가능한 대응을 생각해 봅시다. 포인트는 '어떻게 하면 해준이가 안심하는가'입니다. 관찰 노트를 보면 해준이는 일이 평소와 다르게 진행되거나 예상 밖의 중단이나 변경, 특정 소리나 말, 행동으로부터 극도의 불안이나 공포를 느낄 가능성이 있다고 생각해볼 수 있습니다. 그러나 해준이의 마음을 다 파악하지 못해 답답함을 느끼고, 노력이 더 필요해 보이는 측면도 있습니다.

그럼, 먼저 가능한 대처 방법부터 생각해 보겠습니다. 여기서는

관찰 노트에 적힌 예시 두 가지를 살펴봅시다.

❶ 평소와 다른 길로 걸어갔을 때

최대한 평소에 다니던 길로 다닙니다. 그러면 해준이는 도착지를 예상할 수 있어 안심할 것입니다. 어머님은 '두 살밖에 안 됐는데 길을 외우다니 대단하네!'라고 흐뭇해하실지도 모릅니다. 그리고 부모님은 같은 길을 걷는 것이 지루할지도 모르겠지만, 아이와 함께 길을 걸으며 계절이나 날씨, 가게 이름 등을 자연스럽게 알려줍시다. "우와, 오늘은 채소 가게에 무가 많구나!", "오늘 날씨가 정말 덥다."와 같이 일방적이어도 좋으니 해준이와 의사소통을 시도해보시길 바랍니다.

❷ 좋아하는 장난감이 치워져 있을 때

좋아하는 장난감이 눈에 보이지 않으면 해준이는 무척 슬플 것입니다. 핵심은 언제 치울지와 같이 **장난감을 가지고 놀 때의 규칙을 정하는 것**입니다. 그렇게 하면 부모는 아이의 기분에 영향받지 않고, 일관되게 주의를 주거나 행동할 수 있을 것입니다.

해준이는 장난감이 정리되는 일도 괴롭겠지만, '왜 어제보다 30분이나 일찍 치우는 거야!'라고 느낄지도 모릅니다. '두 살밖에 안 됐는데 그런 걸 알 수 있다고?'라고 생각하실 수도 있지만, 우리 아이를 과소평가해서는 안 됩니다. 어떤 재능이 숨어 있을지 알 수 없으니까요. 어쨌든 **언제 놀이를 정리해야 하는지 규칙을 정해두는** 것이 중요합니다.

또, 아이의 짜증이 의사소통 수단임을 파악했다면 예컨대 아이를 깨우는 경우, "시끄러웠지?", "아직 더 자고 싶을 텐데 미안해."라는 설명을 덧붙여 **억지로 깨우고 싶지는 않지만, 규칙이라는 점을 알려주시면** 좋습니다. 해준이는 '안심하기까지 시간이 걸리는, 무척 신중한 아이'라고 생각하셔도 좋을 것 같습니다.

아이가 좀처럼 짜증을 멈추지 않으면 부모는 어찌할 바를 몰라, 해준이 어머님의 경우처럼 '내 아이의 마음조차 헤아리지 못한다'고 자책하고는 합니다. 그러나 부모라고 해서 아이의 마음을 모두 알아챌 수는 없습니다. 그러니 '적당히 해서는 수긍하지 않는 아이, 안아주는 정도로는 자신의 불안이 해소되지 않는다고 주장하는 확실한 아이'라고 이해한다면, 침착하게 대응 방법을 발견할 수 있을 것입니다.

전문가에게 상담하는 편이 나을 때

지금까지 제시한 방법으로 아이가 진정하는 정도라면, 병원이나 전문기관 상담을 받기 위해 서두를 필요는 없습니다. 그럼 어떤 경우에 전문가의 상담이 필요할까요? 아무리 생각해도 짜증의 계기를 알 수 없을 때, 계기는 알았어도 아이가 짜증을 좀처럼 그치지 않을 때, 계기에 비해 짜증의 정도가 너무 심할 때, 그리고 아이의 마음을 헤아리지 못했다는 자책으로 인해 **부모가 자신감을 상실하고 지쳐 있을 때**입니다.

전문가의 역할은 그 아이의 의도를 상상해 보고, 아이의 환경을 조절하기 위한 아이디어를 궁리하는 것입니다. '슈퍼나 길에서 이같은 식으로 짜증을 부리면 부모가 난처해진다' 등의 명확한 고민에 구체적으로 조언해줍니다. 상황에 따라서는 좋은 대책이 떠오르지 않을 때도 있습니다. 아이가 웬만해서 안심감을 느끼지 못한다면, 그 상황이나 환경이 아이에게 큰 위협으로 작용하기 때문일 수도 있습니다. 이 같은 경우에는 해결책보다 하나의 타협안을 제시하기도 합니다. "어려우실 수도 있겠지만, 슈퍼는 매주 주말에 남편분과 함께 가셔서, 한 분은 물건을 사고 그동안 다른 분이 아이와 놀아주시는 건 어떨까요?", "아이가 아주 심하게 짜증을 내는 상황이라면, 우선 아이를 지키는 게 중요합니다. 아이를 번쩍 안아 그 자리를 얼른 떠나세요."와 같은 방법을요. 혹은 아이가 좋아하는 물건의 힘을 빌려 짜증을 잠재우는 임시방편도 있습니다.

아이와 함께 생활한 지는 이제 겨우 2년 정도입니다. 그런 아이의 마음을 정확하게 파악해 미리 짐작하고, 어떤 상황에서도 너그럽게 대하고, 아이를 안심시키는 방법을 바로 생각해 대응할 수 있는 부모는 세상 어디에도 없습니다. 전문가라고 해서 항상 더 좋은 제안을 할 수 있는 것도 아니지요. 다만 아이의 짜증이 '안심하기 위해 보내는 SOS, 즉 의사소통 수단'이라는 가설을 세우면, 다음에 어떤 방법을 써봐야 좋을지 알 수 있을 때도 있습니다. 그때는 아이에게도 맞고 지친 부모님도 실천할 수 있는, 그때는 아이도 안심시킬 수 있고 지친 부모님도 실천할 수 있는 의사소통 수단을 제안합니다.

만약 상황이 잘 해결되었을 때는 사용했던 방법보다도 결과에 초점을 맞추고, 아이에게 안심감을 제공한 당사자인 부모님을 크게 격려합니다. 그리고 아이와의 소통에 성공했다는 사실을 함께 기뻐하지요. 효과가 별로 없었다면 다음 상담 때 부모님에게 사과드리고 새로운 방법을 구상해 나갑니다.

☆ 해준이의 마음과 행동에 다가가기 위한 힌트

해준이는 돌다리가 부서질 정도로 두들겨 보며 이 다리가 안전한지를 확인하는 유형일지도 모릅니다. 엄마가 안아주는 것을 싫어하는 이유는 엄마가 안아준다고 해도 그 위험한 다리를 건너고 싶지 않기 때문일 수 있습니다.

일상생활에서 해준이가 가진 신중함은 특별합니다. 이를 잘 모르는 엄마는 해준이가 받아들이기 어려운 '괜찮아'를 끊임없이 전했을 수도 있습니다. 아이 마음을 몰라줬다면서 자신을 탓해서는 안 됩니다. 그럼에도 불구하고 해준이는 엄마에게 짜증이라는 형태로 'SOS'를 계속해서 보내고 있기 때문입니다.

해준이의 짜증은, 엄마가 가장 명확한 해결책을 제안해줄 것이라는 믿음이므로 엄마에게 전면적으로 기대하고 있다는 증거로 볼 수 있습니다. 왜냐하면, 엄마는 언제나 자신을 가장 잘 이해해주는 사람이자, 늘 마지막에는 자신에게 안심감을 주는 사람임을 알고 있기 때문이지요. 해준이의 짜증은 '엄마를 전면적으로 신뢰하고 있는 증거'라고 생각해 주시길 바랍니다.

잠을 자지도, 먹지도 않는 경훈이(25개월)

경훈이는 매일 밤늦게까지 혼자 논다. 엄마는 갖은 방법을 동원해 조금이라도 빨리 아이를 재우려고 애쓰지만, 잠자리로 데리고 가려고 하면 경훈이는 소리를 질러대며 거부한다. 늦을 때는 새벽 1시까지도 좋아하는 미니카를 가지고 놀고, 겨우 잠이 들어도 금세 깨버린다.

큰 소리를 내면 이웃에게 피해를 주기도 하고, 지치게 하면 잠이 금방 오지 않을까 하는 마음에, 엄마는 밤중에 경훈이를 데리고 산책에 나선 적도 있다. 그러나 아이는 피곤해하기는커녕 기운이 점점 솟는지, 강에 돌멩이를 던지며 노는 데 푹 빠졌다. 이날, 엄마는 밤 산책도 그만두었다. 경훈이가 좋아하는 자동차 DVD를 틀어주면 엄마도 아이에게서 잠시 눈을 떼고 잠을 잘 수 있다. 하지만 막상 그러자니 엄마의 마음이 불안하다.

생각해 보면 경훈이는 신생아일 때부터 잠이 별로 없었다. 1~2시간 간격으로 젖을 찾는 탓에 수유 간격을 벌리기도 무척 어려웠다. 경훈이의 아빠는 일이 바빠 늘 피곤해한다. 그래서 경훈이와 놀아 달라는 말을 꺼내기가 쉽지 않다. 경훈이가 태어나고부터 줄곧 수면 부족과 휴식 부족에 시달리고 있는 엄마는 체력적으로도 정신적으로도 이제 한계를 느낀다. 인터넷에서 아이의 증상을 찾아보니 수면 장애, 자폐 스펙트럼 장애와 같은 용어가 나와 불안만 커진다. 불면에 효과가 있는 한약이나 소아침을 시도해 볼까? 아니면 장난감을 싹 치워버려야 하나… 엄마는 혼자 몸부림치며 고민한다.

더군다나 경훈이는 편식도 심해 백미가 아니면 입에 대지 않는다. 싫어하는 것이 들어 있으면 그릇을 확 뒤집어 버린다. 주변 사람들은 골고루 먹여야 한다고 하지만, 갖은 방법을 동원해도 아이가 먹지 않으니 어떻게 해야 할지 모르겠다.

보건소에 상담하자, '아침 일찍 깨우고, 낮에 신체 활동을 충분히 하면 저녁에 잠이 금방 올 것이다, 싫어하는 재료는 잘게 다지거나 해서 조리하면 먹을 수 있게 된다'고 조언해 주었다. 하지만 그 방법으로도 도저히 해결될 것 같지 않다. 엄마는 육아가 괴롭다.

· 키워드
정착되지 않는 수면 리듬, 엄마의 피로, 편식

해설 2 수면을 방해하는 [다양한 요인 찾기]

인간은 반드시 잠을 자야 합니다. **수면은 뇌와 몸에 쌓인 피로를 해소하고 활동을 회복시키는 역할**을 하기 때문입니다. 또한, **새로운 기억을 저장할 수 있도록 불필요한 기억을 지워줍니다.** 그 때문에 하루가 다르게 성장하는 아이들에게 충분한 수면은 매우 중요합니다.

그러나 다양한 이유로 잠을 제대로 자지 못하거나 수면을 방해받을 때가 있습니다. 예를 들어 좋아하는 장난감이나 TV가 보이면 신경이 자꾸 그쪽으로 쏠리는 아이가 있습니다. 감각이 예민한 아이라면 침구나 잠옷 등에 피부가 닿았을 때 느끼는 불편함, 희미하게 새어 들어오는 빛, 전자제품이 작동하는 소리나 진동음 등에도 수면을 방해받습니다. 또는 자신만의 루틴이 있어 특정 행동을 마쳐야 다음 행동을 할 수 있는 아이도 있습니다. 실제로 잠자리에 들기 전 루틴으로, 엄마가 정해진 그림책 3권을 읽어 주지 않으면 잠을 자지 않는 아이도 있었습니다.

아이를 무리하게 재우려다 실패하는 이유는 **그 아이의 흥미나 불안이 어중간하거나 해결되지 못했기 때문일 수** 있습니다. 아이가 심각하게 잠을 자지 못한다면, 그 **요인을 살펴보고 아이에게 맞는 환경을 만들어주는 것이 중요**합니다.

경훈이와 엄마가 무리하지 않는 대응을

경훈이는 심각할 정도로 잠을 자지 못합니다. 어머님도 밤마다 온갖 방법을 동원해 아이를 재우려고 하다 보니 분명 상당히 지쳐 있을 것입니다. 경훈이의 모습을 통해 **마음을 상상해 보고 가능한 대응을 함께 생각해** 봅시다.

① 잠자리에 데리고 가려고 하면 소리를 지르며 난리를 피운다

'경훈이에게는 침실이 편안한 장소로 느껴지지 않는다', '무섭다', '침실에 갈 마음의 준비가 되지 않았다'고 가정해 봅시다. 그리고 사전에 앞으로 무엇을 할 것인지, 어디에 갈 것인지를 명확하게 알리고, 아이가 앞으로 일어날 일에 대해 마음의 준비를 하고 안심할 수 있는 대응 방법을 생각해 봅시다.

예를 들어 그날의 대략적인 일정을 그림으로 그리거나 사진을 찍어 '목욕→식사→양치질→화장실→취침'과 같이 순서를 시각적으로 만듭니다. 아이가 눈으로 보고 이해할 수 있게 한 상태에서 일정을 진행하는 것도 하나의 방법입니다.

순서를 눈으로 볼 수 있게 한다

> 지금은 양치하는 시간이야.

아이에게 앞으로 무엇을 할지 미리 알려주면, 아이가 마음의 준비를 할 수 있다

② 밤중에 미니카를 가지고 논다

좋아하는 장난감이 눈에 들어오면 아무래도 그쪽으로 신경이 쏠리기 마련입니다. 이럴 때는 순서를 바꾸어 시도해봅시다. 목욕하기 전에 미니카를 가지고 놀게 하고, 놀이가 끝나면 "내일 또 놀자."라고 말하며 미니카를 정리(눈에 보이지 않게 서랍 등에 넣기)한 뒤 목욕을 하는 것입니다. 만약 이 방법이 잘 통하지 않으면, 다음에는 목욕한 뒤 미니카를 가지고 노는 순서로도 시도해봅니다. '괴로움→즐거움', '즐거움→괴로움' 양쪽 모두 아이에게는 어렵겠지만, 조금이라도 더 나

은 쪽을 선택해 적용해 봅시다. 다만 침실에는 미니카 같은 장난감이나 태블릿 등은 가지고 들어가지 않는 편이 좋습니다.

③ 밤중 산책이나 자동차 DVD 시청

아이를 재우기 위한 고육지책이겠지만, 이런 활동은 오히려 뇌를 각성시킬 가능성이 있습니다. 따라서 신체 활동이나 아이가 좋아하는 영상 시청은 되도록 낮에 하는 편이 좋습니다.

또 한가지, 경훈이는 '백미를 무척 좋아하는' 경향이 있습니다. 그렇다면 백미를 주식으로 하고, 너무 다양한 음식을 먹이기 위해 애쓰지 않는 편이 낫지 않을까요. 이 부분은 조금 **편하게 생각하시면** 좋겠습니다. 다만, 알아둬야 할 포인트가 한 가지 있습니다. **경훈이가 먹으려고 하지 않는 음식을 눈앞에서 맛있게 드시길** 바랍니다. 만약 아이가 그 모습을 보고 먹고 싶다고 하면 아쉬운 듯한 얼굴로 "자, 먹으렴." 하고 아이에게 주는 것입니다.

지금까지 수많은 시행착오를 겪으며 아이를 재우기 위해, 또 아이에게 다양한 음식을 먹이기 위해 노력하셨겠지요. 하지만 너무 애를 쓰다 보면 몸도 마음도 지치고 맙니다. 부디 무리하지 않고 가능한 방법부터 시도해보시길 바랍니다. 또, 보건소에서 듣게 되는 조언은 어디까지나 참고용으로 생각하시면 됩니다. **'내 아이는 그러한 표준적인 조언을 뛰어넘는 대단한 아이.'**, '틀에 맞출 수 없는 아이'라고 인식하고, **경훈이에게 맞는 대응 방법**을 생각할 필요가 있습니다.

엄마의 휴식 시간을 확보한다

어머님은 경훈이가 아기일 때부터 충분히 잠 잘 시간도, 마음 놓고 편히 쉴 시간도 없이 애쓰셨을 겁니다. 낮에도 할 일이 산더미이기 때문에 무척 고단한 날들이었을 테지요. 정말 고생하셨습니다. 우선 **충분히 쉴 수 있는 시간을 마련**하셔야 합니다.

부부 교대로 수면 시간을 확보하거나, 어머님이 낮에 휴식을 취할 방법을 찾아봅시다. 아버님이 무척 바빠서 아이를 봐줄 수 없거나, 핵가족인 탓에 주변에 도움을 구할 친척이 없다면 사회복지 서비스를 이용해 봅시다. 어린이집이나 육아종합지원센터의 시간제 보육 서비스*, 아이 돌봄 서비스 등, 도움을 받을 수 있는 상담창구가 있을 것입니다. 지자체나 관공서 등에 문의해보시길 바랍니다.

인터넷으로 정보를 알아보면 오히려 불안이 가중될 수 있습니다. 아이가 보이는 행동의 이유나 바람직한 대응 방법을 알고 싶다는 생각이 강하게 든다면, 전문 의료 기관의 상담을 받으시길 권장합니다.

만약 제가 상담 요청을 받게 된다면, 우선 함께 고민하는 일부터 시작할 것입니다. **시간은 다소 걸리더라도 반드시 개선**됩니다. 그리고 동시에 행동에도 변화가 일어날 것입니다. **나쁠 때만 있지는 않**

---

*   가정양육 시에도 지정된 제공기관(어린이집, 육아종합지원센터 등)에서 시간 단위로 이용하고, 이용한 시간만큼 보육료를 지불하는 보육서비스. 6개월 ~ 36개월미만 영아라면 신청할 수 있다. 예약은 임신육아종합포털 아이사랑 홈페이지(https://www.childcare.go.kr)에서 가능하다.

겠지만, 좋을 때만 있지도 않겠지요. 부모님과 함께 더 좋은 방법을 찾기 위해 이야기를 나눌 것입니다.

☆ **경훈이의 마음과 행동에 다가가기 위한 힌트**

경훈이의 모습에서 '오감이 예민하다'는 사실을 추측해 볼 수 있습니다. 이 같은 예민함은 현재 수면과 식사에 영향을 미치고 있는데, 침대 시트의 감촉이나 소리, 빛, 진동 등과 같은 자극이 원인이 되기도 합니다. 앞으로 경훈이가 보이는 행동은 달라질 수 있겠지만, 그 행동의 이유로 '경훈이는 감각이 다른 사람보다 예민한 것 같다'는 이해가 수반된다면 '그럼 어떻게 하면 좋을지' 힌트를 더 쉽게 발견할 수 있을 것입니다.

수면 관리

아이들은 보통 생후 3개월까지는 14~17시간, 그 이후부터 11개월까지는 12~15시간, 1~2세는 11~14시간, 3~5세는 10~13시간의 수면 시간이 필요하다고 알려져 있습니다. 4세 무렵까지는 낮잠도 필요하다고 합니다. 그만큼 약 4세까지 아이의 발달에 있어서 수면은 무척 중요한 요소입니다.

수면 리듬은 거의 24시간 주기로 변동하며 뇌에 있는 생체시계가 관장하는데, 다소 차이가 발생합니다. 그리고 이 차이를 수정하는 것이 눈으로 들어오는 빛과 식사하는 시간이라고 합니다. 밤늦게까지 TV나 스마트폰 등의 빛에 노출되면 불면 경향이 생겨 야행성 수면 리듬을 띠게 됩니다. 반대로 이른 시간대에 시간을 정해 잠을 자게 하면, 수면 리듬을 안정시킬 수 있습니다. 또, 몸 속 체온이 어느 정도 떨어져야 수면이 촉진됩니다. 그래서 잠들기 힘들 정도로 더운 밤이나 목욕한 직후에는 쉽게 잠이 오지 않습니다.

수면 리듬이 안정되지 않은 아이를 빨리 재우기란 무척 어렵습니다. 아이가 슬슬 자야 하는 시간대에는 최대한 강한 빛을 보지 않게 하고, 목욕은 이른 시간에 하는 등, 실천 가능한 방법부터 시도해봅시다. 수면 리듬이 조금씩이라도 잡히면 생활 리듬도 안정될 것입니다.

말을 잘 하지 못하는 승규(36개월)

승규는 5차 영유아 건강검진에서 언어 지연이 의심된다며 병원 의사에게 언어치료실*이나 전문의료기관을 찾아가 보라는 이야기를 들었다. 걷기 시작한 시기가 또래보다 늦는 등, 전체적으로 느리게 성장하고 있다는 느낌은 받았다. 하지만 손가락으로 대상을 가리킬 수도 있었고, 간단한 지시도 이해했기 때문에 4차 영유아 건강검진 때는 일단 지켜보기로 했다.

그러나 3세가 된 후에도 대부분 "삐아~!", "뿌우!"와 같은 말만 했고, 주변 사람들이 이해할 수 있는 말은 '엄마', '아빠', '멍멍', '부웅' 정도다. 눈도 잘 마주치지 않고, 구사할 줄 아는 어휘가 좀처럼 늘지 않아 의사소통도 제대로 되지 않는다. '또래 아이들은 문장으로 말할 줄 아는데…'라는 생각에 부모는 초조하다.

엄마는 영유아 검진에서 발달 지연이 의심된다는 말을 듣고 '역시나.'라고 생각했지만, 한편으로는 그 사실을 받아들이기 힘들어 심경이 복잡하다. 언어치료실에 다니면 말을 잘 할 수 있게 될지, 전문의 진찰은 정말 필요한 것인지, 내년에 유치원에 들어가면 친구들과 잘 어울릴 수 있을지, 혼자 겉돌지는 않을지, 유치원에 들어가면 갑자기 말이 트이는 사례도 있다는데 그러면 승규도 크게 걱정할 필요가 없는 것인지…. 갈피를 잡을 수가 없다. 엄마는 아이와 함께 노력해야겠다고 자신을 채찍질하며 격려하지만, 솔직히 이 사태를 받아들이기 힘들다. 앞으로 어떻게 될지 불안한 마음을 감추거나, 희망을 가질 수 없다.

* 말이나 의사소통에 장애가 있는 사람들을 대상으로 한다. 언어 발달이 늦은 아동, 발음 장애나 말하는 데 어려움이 있는 사람 등, 환자의 수준에 맞게 치료한다.

해설 3 아이의 말에 주목하기

4차 영유아 건강검진에서 일단 지켜보자는 의사의 말을 들은 뒤로, 어머님은 줄곧 조마조마한 마음으로 아이의 성장을 지켜보셨을 것입니다. 그리고 5차 영유아 건강검진에서 '언어 발달 지연 가능성이 있다'는 말에 무척 놀라고 충격도 받으셨을 테지요.

3세가 된 승규가 처음 한 말은 어머님의 인생에서 분명 큰 사건이자 기쁨이었을 것입니다. 하지만 마음속에서는 늘 불안함과 초조함이 소용돌이치고 있지 않았을까요. 언어치료실이나 전문의 진찰을 권유받았지만, 어머님은 그 필요성에 확신이 없고 결국 또다른 고민거리가 되었습니다.

현재 가정에서 할 수 있는 일

물론 전문의의 조언과 언어치료실도 유익합니다. 하지만 **가족들의 마음도 불안한 데다, 실제 전문기관의 진찰을 받기까지는 시간이 걸리는 경우도 많습니다. 그러므로 우선 '현재 가정 내에서 할 수 있는 일'**을 생각해 봅시다.

발달단계와 현상 확인, 그것으로부터 상상할 수 있는 일을 정리해 두기

승규에게는 다음과 같은 특징이 있었습니다.

- 초반에는 손가락으로 가리킬 수 있었고, 간단한 지시도 이해했다.
- 말은 조금 할 수 있게 되었지만, 손가락으로 가리키는 것과 비슷한 수준이다.
- 상대방을 인식하는 듯한 시선을 보이지 않는다.

어쩌면 승규는 손가락으로 가리켰을 때 상대방이 반응하는 정도의 관계가 더 편할지도 모릅니다. 동시에 지금은 아직 승규에게 **'생각을 대체하는 말'**이 충분히 축적되지 않았을 수도 있지요. 그런데 주변에서는 자꾸만 언어 중심의 의사소통을 하려고 하니, 승규는 어떻게 해야 할지 몰라 힘들었을 것입니다.

일상에서 유념하면 좋은 접근법

어휘를 늘리거나 끌어내려 하기 전에, 아이가 손가락으로 사물을 가리킬 줄 알고 간단한 지시를 이해할 수 있었던 시기로 돌아가 봅시다. 오히려 그때가 어머님도 승규도 서로 의사소통이 더 편했다고 실감할 것입니다.

먼저 승규와 함께 **'서로 알 수 있는 감각'**을 떠올려보시길 바랍니다. 만약 승규가 손가락으로 색깔이나 사물을 가리켰다면, "멋진 색을 골랐네.", "승규가 좋아하는 자동차구나."와 **같이 다양한 표현을 구사해 봅시다.**

함께 놀거나 음식을 먹거나 산책할 때도 마찬가지입니다. 승규가 "엄마, 시끄러워!"라고 말할 정도로 수다쟁이가 되어 말을 실컷 들려주시길 바랍니다. **어떤 동작에는 그것을 나타내는 말이 있다는 것, 물건에 이름이 있다는 것, '고마워요.', '미안해요' 등, 사람 간의 교류에는 말이 따른다는 사실을 승규에게 꾸준히 말로 알려주는 것입니다.**

예를 들어 냉장고 앞에서는 "자, 냉장고를 열자. 열렸다!"라고 행동할 때 말을 곁들이는 것이지요. 의미가 있는 말을 축적한다는 생각으로 상황과 장면에 맞게 계속해서 말을 걸어보시길 바랍니다. 이때 말의 속도는 천천히, 톤은 조금 낮게, 차분하고 부드러운 어조로 말하는 것이 포인트입니다.

전문가의 확인이 필요한 부분

전문기관을 방문할 때는 다음과 같은 사항을 알리면 좋습니다.

- 언어 발달 지연 가능성이 있다는 말을 들은 뒤부터 지금까지, 승규를 어떤 방법으로 대했는가.
- 그러한 방법으로 대했을 때 승규가 어떤 반응을 보였는가. 관심을 보였는가, 무관심했는가.

또, 전문가 진찰을 통해 다음과 같은 점을 확실히 알고 싶을 것입니다.

① 승규의 최근 3년간 성장에 대한 평가(또래 아이들과의 비교가 아니라, 과거 승규의 모습과 현재를 비교하는 관점에서)
② 청각 검사의 필요성. 구음(적절한 발음) 상태.
③ 지금까지 아이를 대할 때 사용한 방법 이외에 더 필요한 방법.

부모로서 아이의 내년 유치원 입소, 그 후의 성장 변화 예측, 초등학교 입학 무렵의 모습, 장애인지 개성인지, 발달 속도가 조금 느린 것인지 아니면 발달 지연인지… 등, 알고 싶은 점이 무척 많을 수밖에 없습니다. 그러나 아직 확실한 진단이 내려진 상황은 아닌 만큼, 부모로서 무엇을 받아들여야 하는지를 알아가겠다는 정도로 생각하시면 좋겠습니다. 의사에게 **'부모는 아이에게 어떤 접근방법으로 대하면 좋을지'** 물어보시길 바랍니다. 만약 제가 이 같은 질문을 받았다면 아이 부모님이 어떤 심정으로 진찰실을 찾으셨을지, 먼저 그 마음을 헤아리며 이야기할 것입니다.

어떻게 해야 할지 몰라 불안한 부모님에게는

우선 승규가 지금 할 수 있는 일을 확인하고 지금까지 부모님이 아이를 잘 대하셨음을 알린 뒤, 당분간은 부모님이 승규를 대할 때 기분 좋게, 안심하고 마주할 수 있도록 격려하고 응원합니다.

사실을 명확하게 알고 싶은 부모님에게는

진찰을 거듭하며 심리 검사와 행동 관찰을 실시합니다. 부모님의 이야기도 참고하며 현재 가능성 있는 '의학적 진단'을 말씀드립니다.

의견이 서로 다른 부모님에게는

부모님 각자의 견해를 확인하고 진찰실에서 앞으로 할 수 있는 치료나 방법을 알립니다. 예를 들어, 언어치료사와 의사가 번갈아 진찰하고 아이의 모습을 시간을 두고 관찰하며 일상생활에서 아이를 대하는 방법을 함께 생각하기, 아이가 들어갈 유치원을 함께 검토하고 입소 후에 연계를 형성하기, 어느 정도 합의가 되었다면 심리검사 실시를 제안하기 등이 있습니다.

언어치료실을 권유받은 것도 진찰실을 찾게 된 사실도 받아들이지 못하는 부모님에게는

우선 진찰실에 와주셔서 감사하다고 말씀드리고, 현재 가장 걱정되거나 어려운 점은 무엇인지 듣습니다. 그리고 진찰실에서 할 수 있는 일을 설명합니다. 무엇보다 진찰실에 온 것이 불쾌하다는 생각이 들지 않도록 노력합니다.

전문가는 부모가 다시 웃을 수 있는 대응 방법을 제시하는 것이 중요합니다. 따라서 환상이 아닌 희망을 처방하기 위해 고민합니다.

☆ 승규의 마음과 행동에 다가가기 위한 힌트

승규는 '다른 사람과 의사소통을 하고 싶다'는 마음은 있지만, 아직 그것이 서투른 아이가 아닐까요? 자신의 마음을 전하고 싶지만 축적된 말이 적다 보니 적절한 말을 찾기 어렵고, 동시에 자신 있게 말하는 것에 대해 큰 불안이나 긴장을 느끼고 있을지도 모릅니다.

너무 초조해하지 말고, 아이를 대할 때 천천히 그리고 꾸준히 말을 걸어 주시길 바랍니다. 다소 수동적일 수 있지만, 때로는 어른들이 "이걸까?", "저걸까?" 하고 아이의 마음을 상상하며 말로 표현함으로써 '변화가 생겼다', '의사소통에 성공했다'는 경험을 쌓아 가면 좋겠습니다. 그러기 위해서라도 '승규가 아직 말로 표현하지 못하는 감정'을 다양하게 상상해 보고, 그것을 계속해서 말로 대체해 보면 어떨까요.

고집이 센 유리(40개월)

유리는 의사표시가 분명한 여자아이로, 하고 싶은 일에는 푹 빠져서 몰두한다. 하지만 하고 싶지 않은 일은 강하게 거부하는 탓에 엄마는 자주 난처한 상황을 겪는다. 예를 들어 식사 시간에 밥을 먹지 않는다거나, 씻을 시간이 되어도 욕실에 들어가려고 하지 않는다.

엄마가 아무리 달래도 소용없다. 엄마는 설득도 해보고, 화도 내보고, 타협안을 제시했지만, 유리는 절대 자기주장을 굽히는 법이 없다. 급기야 유리가 울음을 터뜨릴 때도 있다. 1시간 넘게 울다 밥은 밥대로 먹지 못하고, 결국 엄마 손에 이끌려 펑펑 울며 욕실에 들어가는 날도 있다. 매일 똑같은 일상이 반복되고, 나아질 기미는 보이지 않는다. 엄마는 이에 대한 스트레스와 피로로 지칠 대로 지쳐 있다.

내년부터 어린이집에 다닐 예정이라 그때까지 안정된 생활리듬을 만들어두고 싶지만, 지금 상황을 보면 그조차 어려울 것 같아 고민이다. 유리는 사소한 일에도 난리를 피우는 경향이 있어 엄마도 이전부터 아이에게 예민한 구석이 있다는 사실은 느끼고 있었다. 그런데 아이의 기분이 안 좋은 날이 많아지면서 엄마 역시 유리를 대할 때마다 짜증스럽다. 아이 때문에 자책감이 들어 힘들고, 솔직히 아무리 자식이지만 미워 보일 때도 있다.

이런 아이를 어린이집에 보내도 될지, 선생님을 힘들게 하지는 않을지 걱정이다. 유리의 고집은 줄어들기는커녕 점점 세지기만 하고, 덩달아 엄마의 불안도 커지기만 한다. 이제 육아에 자신이 없다.

· 키워드

생활환경이 바뀔 때 심하게 저항, 일상생활이 어려움, 예민한 성격, 어린이집 등원 불안

하루도 쉴 틈이 없는 엄마의 고민

　고작 3세의 나이에 자기 의사를 분명히 표시하다니, 유리는 대단한 아이군요. 이렇게 대쪽 같은 성격은 저도 부러울 정도입니다. 하지만 **1년 내내, 단 하루도 쉬지 않고 아이를 봐야 하는 부모로서는 어려움이 많을 것 같습니다. 아이가 자기주장을 끝까지 굽히지 않으면 짜증이나 화가 나기도 하고, 자신의 육아 방법에 문제가 있다는 생각에 우울할 때도** 있겠지요. 이렇게 느끼는 것도 지극히 당연합니다.

　의사표시가 분명한 유리의 언행이 부모가 봤을 때 바람직하다면 부모는 스트레스를 받지 않을 것이고, 당연히 상담받을 필요도 없을 것입니다. 그러나 현재 어머님은 매우 지쳐 있고, 아이를 '감당하기 버거운 딸'로 느끼시는 것 같습니다.

　'내년부터 단체생활을 시작해야 하는데, 어떻게 하면 친구들과 별 탈 없이 지낼 수 있을까?', '주변에서는 아이에게 예의를 더 가르쳐야 한다고 말하지만, 지금도 최선을 다해 애쓰고 있다고…', '제발 더는 엄마인 나를 욕하지 마. 이대로 가다가는 딸을 사랑할 수 없을 것 같아. 내 딸이 미워질 것만 같아…' 어머님의 절박한 외침이 들리는 것 같습니다. 이러한 상황을 만날 때마다 저는 정말이지 육아만큼 힘들고 고된 일은 없다고 생각하게 됩니다. 사실 저도 육아에 협력적인 아빠는 아니었기에 엄마로서 아이들을 돌봐준 아내를 생각하면 지금도 면목이 없지요. 진찰실에서 만나는 어머님에게도 조언에 앞서, 대단하시다는 말씀을 드리고 싶습니다. 그러나 진찰실을 찾는 부모님의 상황은 저의 격려나 칭찬의 말만으로 해결되지 않습니다. 변하지 않는 일상에 매우 지쳐 있기 때문이지요. 그래서 저는 부모님들의 어려움을 조금이라도 덜어드릴 방법을 생각하고 또 고민합니다.

유리의 마음을 상상해 본다

아무리 의사표시가 분명한 아이라고는 하지만, 아직 스스로 생활하거나 독립할 수 있는 나이는 아닙니다. 할 수 없는 일이 훨씬 많은 작은 아이에 불과하지요. 한번 아이의 마음속을 상상해 봅시다. 유리가 '하고 싶지 않은 일' 중에는 '할 수 없는 일'도 있을 것입니다. 또, '지금은' 하기 싫을 수도 있지요. 어쩌면 자신이 하려고 했지만, 주변에서 먼저 끼어드는 바람에 그 순간 '이제 더는 내가 하려던 일이 아니다'라고 느꼈을지도 모릅니다. 이 경우 자신의 기분을 침해당했다거나 방해받았다고 느낄 수 있습니다.

주변에서 유리에게 먼저 "해볼까?", "이렇게 해 줘."라고 제시하는 것 자체가 때로 일을 크게 만들 가능성이 있다면, 우리가 할 수 있는 방법은 우선 **아이가 안심하고 행동할 수 있는 환경을 만드는 것입니다.** 또, **아이가 하지 않았으면 하는 행동이 있다면 그 행동을 할 수 없는 환경을 조성하고, 새로운 대응 방법을 만들어 낼 필요**가 있습니다.

아이의 마음을 가장 잘 이해하고 헤아릴 수 있는 사람은 바로 엄마일 것입니다. 그러나 관계가 너무 가까우면 정작 보이지 않을 때도 있기 마련입니다. 그럴 때는 다른 관점에서 볼 수 있도록 남편이

나 조부모에게 도움을 구하는 것도 방법입니다. 무엇보다 주변에 어머님 자신이 신뢰할 수 있는 상담 상대를 여러 명 만들어두세요. 그러면 혼자서만 고민하거나 힘들어하지 않아도 될 테니까요.

유리의 마음에 다가가기 위해서는

'제멋대로'라는 것은 다시 말해 자기 의사를 존중하는 자세라고 생각합니다. 따라서 '훈육'하겠다며 지나치게 제어하려고 하면 사람에 따라서는 지배받고 있다거나 복종을 강요받고 있다는 느낌을 강하게 받을 수 있지요. 그러나 자기 의사만 강하면 주변 사람들과 보조를 맞추기 힘듭니다. '무언가를 함께 한다'는 기쁨을 누리기 어려워지는 것이지요. 따라서 아이는 '부모나 주변 사람들에게 맞출 것을 강요받거나', '스스로 주변에 맞추기로 결심하거나' 둘 중 하나를 선택해야 합니다. 전자의 경우는 아무래도 스스로 받아들이기 어려울 때도 있습니다. 하지만 자신의 방식을 바꾸는 편이 더 불안하기 때문에 오히려 강요받는 편이 안심될 수도 있습니다. 또한, 가만히 있는 것보다 효과가 있어 보이는 제안이라면 받아들일 수도 있습니다. 한편, 후자의 경우는 자신의 주장을 바꾸는 것에 큰 불안을 느낄수록 결심하기 어렵습니다. 그러나 무언가 자신에게 이득이 된다는 생각이 든다면 바꿀 가능성도 있겠지요.

어느 쪽이든 유리가 '나를 존중해주고 있다. 소중히 여기고 있다'고 느끼는 대상이라면 유리도 적극적으로 혹은 못 이기는 척 납득해 줄지도 모릅니다. 그 '대상'은 아무래도 엄마인 경우가 많습니다. 아빠도 엄마와 비슷한 정도로 생각해 준다면 엄마의 피로를 조금이라도 덜 수 있겠지만, 실제로는 어려운 일인 것 같습니다.

나아가, 유리가 자신이 존중받았다고 느끼게 하기 위해서는 행동의 '좋고 나쁨'을 판단하지 말고, **"유리는 이게 하고 싶었구나."**와 같이 **아이의 마음에 다가가면서 말로 표현**해야 합니다. 만약 그 말이 아이의 마음과 맞았다면 아이는 그만큼 상대방을 신뢰하게 될 것입니다. 틀렸다면 조금 더 연습이 필요하겠지요. 처음에는 **아이의 기준에 맞춰 주어야** 신뢰를 얻을 수 있습니다. 그러다 아이에게 어느 정도 여유가 생기면, 아이도 상대방의 기준에 조금씩 맞춰 줄 수 있을 것입니다.

아이가 보이는 언행의 의미를 말로 표현하고 확인하기

제가 이 같은 상담을 받았다면 유리의 모습을 통해 마음을 말로 바꿔보며 어머님과 함께 아이의 마음을 헤아려 나갈 것입니다. **어른들이 먼저 아이가 보인 언행의 의미를 말로 표현**하는 것이 중요하다고 생각하기 때문입니다. 그런 다음, 어머님을 격려해서 아이를 대할 때 여유를 가질 수 있도록 합니다.

다만, 실은 유리의 이러한 고집은 쉽게 변하지 않을 가능성이 크므로 '지금 있는 그대로의 아이'와 마주해 나가시길 바라기도 합니다. 예를 들어, 제가 "유리는 지금 피곤한 상태일지도 모르겠네요." 라고 직감적으로 이야기하면, 어머님이 "아, 이틀 전에 피아노 발표회가 있었거든요."라고 생각나는 에피소드를 알려주시기도 합니다. 아이와 밀접하게 생활하는 엄마이기에 알 수 있는 것들이지요. 그럼 저는 이야기를 듣고 나서 "그랬군요. 어머님은 유리의 말이나 행동에서 마음을 잘 파악하고 계시네요."라고 말씀드립니다.

이때 어머님이 안도하는 모습이라면 다행이지만, 그렇지 않다면 '자신만 노력해야 한다'는 느낌을 받았을 수도 있습니다. 이 같은 경우에는 칭찬의 말 대신, 휴식을 권합니다. 물론 상담을 거듭한다고 해서 그동안 쌓인 엄마로서의 피로가 한순간에 사라지기는 힘들겠지요. 그래도 "역시 엄마시군요."라는 말 속에서 어머님이 '아이의 마음을 제대로 이해하고 있었다'는 사실을 자각하고, 자신감을 조금씩 회복하시도록 돕습니다.

더불어 너무 무리할 필요는 없다고 말씀드립니다. 유리의 성향을 함께 이해해 나가고, 이를 통해 어머님의 고립을 막을 수 있으면 좋겠습니다.

☆ 유리의 마음과 행동에 다가가기 위한 힌트

유리의 행동을 관찰해보면 정의감이 강하고 바르지 않은 것을 매우 싫어한다는 것을 알 수 있습니다. 그러나 앞으로 다른 사람에게는 엄격하면서도 자신에게는 관대한 모습을 보일 가능성도 있습니다. 이 같은 아이의 모습을 마주했을 때, 어떻게든 아이의 성격을 바꿔야겠다고 생각하실 수도 있습니다. 그러나 이것은 아이가 태어나면서부터 지닌 기질입니다. 즉, 고치거나 바로잡아야 하는 것이 아니라는 뜻이지요. '이게 우리 아이의 개성이지.', '원래 대쪽같은 성격이잖아.' 이렇게 여기시면 한결 마음이 편하지 않을까요.

첫 단체 생활에서 겪는 불안 요소

아이들은 보통 학교에 들어가기 전에 어린이집이나 유치원 등에서 단체생활을 시작합니다. 아이들이 처음으로 사회를 경험하는 곳이라고 할 수도 있지요. 친구를 잘 사귈 수 있을지, 주변 사람들에게 어떻게 대할지, 선생님은 우리 아이를 잘 대해줄지…. 지금까지 집에서 보고 겪은 아이의 모습, 때로는 아찔했던 순간을 떠올리면 기대와 불안이 교차하게 됩니다.

아이가 보육기관에서 불안 없이 생활하기 위해서는

아이에게 어떤 단체생활 환경이 좋을지는 부모에게 큰 걱정거리가 아닐 수 없습니다. 아마도 여러 보육기관을 놓고 고민하는 분들이 많을 것입니다. 영아기부터 보육기관 생활을 한 아이여도 아이한 명 한 명의 보육이 중심이었던 생활에서 또래 간의 교류가 많아지는 생활로 옮겨가므로, 보육기관 내의 생활이 크게 변화합니다.

따라서 영아기에 이미 담임교사로부터 아이를 대하기 어렵다는 말을 들은 부모라면, 또래 간의 교류가 활발해지는 이 시기가 더욱 불안할 수밖에 없겠지요. 이 시기 부모의 고민을 구체적으로 살펴봅시다.

수줍음이 많고 경계심이 강한 아이

보육기관에 가는 것을 싫어하지 않을까? 부모와 떨어지는 것을 힘들어하지 않을까?

활동량이 많고 활발한 아이

돌아다니지 않고 가만히 있을 수 있을까? 친구와 자주 다투지는 않을까?

언어적 의사소통이 어려운 아이

친구와 어울릴 때 말보다 손이 먼저 나가지는 않을까? 선생님의 말을 이해할 수 있을까?

또, '부모가 잘못 키웠다는 소리를 듣지는 않을까?' 하고 주변 분위기를 신경 쓰는 부모도 있습니다. 그러나 **'아이가 불안해하지 않고 생활하는 것'**이 가장 중요합니다. 이 같은 관점에서 보육기관을 선택해야 하지요. 기관을 결정했다면 담당 보육교사에게 이 불안을 되도록 솔직하게 알립시다. **가정과 보육기관이 서로 협력하고 격려하는 관계**를 형성하는 것이 좋습니다.

단체생활에서 드러나는 '남다른 행동'

유치원에서 발표회를 하는 상황을 예로 들어보겠습니다. 반 친구들은 다 같이 노래를 부르고 있는데, A양은 갑자기 무대에서 태연하게 내려옵니다. 그러자 손주의 재롱을 기대하며 발표회를 구경하던 A양의 조부모는 허무해집니다. 이번엔 유치원 수업 참관일을 예로 들어보겠습니다. 지금은 작품을 만들어야 하는 시간이지만, B군은 혼자 바닥에 벌러덩 눕네요. 이내 퍼즐을 하며 노는가 싶더니, 느닷없이 자리에서 일어나 친구와 다른 부모들에게 말을 걸며 돌아다닙니다. 교실 뒤에 서서 수업을 지켜보던 엄마는 창피한 나머지 얼굴이 화끈거리고 B군에게 화도 납니다. 얼른 수업이 끝나기만을 바랄 뿐입니다.

이처럼 유아기의 **단체생활에서는 아이들의 남다른 행동이 눈에 띄게** 됩니다. 그 모습을 가족이 직접 목격하거나, 아이를 하원시킬 때 교사로부터 "오늘도 친구 OO를 때렸어요."라는 말을 자주 들으면 **지금까지 느꼈던 막연한 불안이 명확한 문제로 인식되기도** 합니다.

흔들리는 엄마의 마음

이 같은 문제를 인식했을 때 아빠가 적극적으로 도움을 주는지, 아니면 '육아는 엄마의 역할'이라는 태도로 문제를 맡기기만 하는지에 따라 엄마가 느끼는 부담은 크게 달라집니다. 제 경험상 엄마는 비교적 빠른 단계에서 아이의 발달에 의문을 느끼는 한편, 아빠는 지나친 걱정이라고 여기는 경우가 많았습니다. 여기서 **부부 사이에 의견 차이가 생깁니다.**

더군다나 아이 조부모의 목소리까지 더해질 때도 있습니다. "엄마인 네가 더 따끔하게 말해야지." "네가 엄마니까 일을 그만두고 육아에 전념하면 어떠니?" "너무 신경 쓰지 말거라. 저 녀석(아이의 아빠를 가리키며)도 어릴 적에 그랬단다." **당연히 아이를 생각해서 하신 말씀이겠지만, 이러한 말은 엄마를 정신적으로 힘들게 하고, 가족의 충돌을 초래**할 수 있습니다. 설상가상으로 보육기관 교사에게 "가정에서 더 노력해주셔야 할 것 같아요.", "아직 기저귀를 못 떼서…."와 같은 말을 들으면 엄마는 주저앉고 싶어집니다. 또, 친구와 다툼이 자주 일어난다면 괜스레 아이 친구의 부모들과의 관계까지 서먹해집니다. '역시 모두 내 양육 방식을 탓하고 있어.', '아무도 내 괴로움을 알아주지 않아.', '도대체 여기서 무엇을 더 어떻게 해야 하지?' **자칫 고립되기 쉬운 부모를 지원하는 일도** 3세 이전부터 계속되는 **중요한 과제입니다.**

이때 지역 발달센터*에서 "아이의 속도에 맞춰 천천히 길러 보시죠."라는 말을 들으면 '겨우 아이가 있을 곳을 찾았다.'는 안도감을 느낍니다. 하지만 그와 동시에 '역시 우리 아이는 이러한 지원이 필요한 특별한 아이구나.'라는 마음도 들어 **엄마의 마음은 계속 흔들**

---

* 한국의 발달센터에 가까운 시설. 지자체나 운영 기관에 따라 지원 형태나 프로그램 내용 등에는 차이가 있다.

리지요.

유아기에 접어들면 전문기관에서 발달장애 진단을 받는 아이도 있습니다. 자신의 아이가 발달장애라는 말을 들었을 때 부모의 심정과 반응은 천차만별입니다. 좀처럼 충격에 휩싸여 헤어나오지 못하는 부모가 있는가 하면, 이루 말할 수 없는 슬픔과 분노를 느끼는 부모도 있습니다. 또, 아이에게 미안한 마음을 가지는 부모도 있고, 필사적으로 치료 방법을 찾는 부모도 있습니다. 최근 '장애 수용'이라는 표현을 자주 듣습니다. 그런데 이 말을 들을 때마다, **보호자의 심정을 생각하면 주변에서 그렇게 쉽게 꺼낼 수 있는 말은 아니라는** 생각이 듭니다.

다음 페이지부터는 이 시기에 해당하는 사례 3가지를 소개합니다. 3가지 사례 모두 아이들이 보육기관에서 단체생활을 할 때 두드러지는 행동을 다루고 있으며, 그에 대한 부모와 교사의 생각이 잘 묘사되어 있습니다.

교실에 있기 힘들어하는 송이(46개월)

송이는 6차 영유아 건강검진 결과 의사소통 면에서 발달이 느린 것 같다는 말을 들었다. 전문의료기관을 찾아갔더니 의사는 지적 발달 지연은 없지만, 자폐 스펙트럼 장애가 의심된다며 일단 지켜보자고 말했다. 올해부터는 유치원에 다니고 있다. 엄마는 유치원을 등록할 때 의사로부터 들은 이야기를 전달했지만, 아직 의심 단계이지 정식으로 진단받은 상태는 아니라는 이유로 보육교사*가 추가로 배치되지는 않았다.

아침 등원 후, 다 같이 하는 체조 시간. 송이는 그곳에 있기가 매우 싫은지 혼자서 모래밭으로 가버린다. 교실에서 노래를 부르거나 만들기 활동을 할 때도 갑자기 밖으로 나가기 일쑤다. 당황한 교사가 송이를 가로막고 나가지 못하게 하면 "아아아—악!"하고 소리를 지르고 몸을 흔들며 거세게 저항한다. 어떻게든 송이를 진정시키려고 말을 걸어보지만, 그럴수록 점점 소리를 높여 울고, 완전히 진정할 때까지는 상당한 시간이 걸린다. 담임교사는 다른 아이들을 두고 송이만 보고 있을 수도 없는 터라 혼자 감당하기가 벅차다.

송이는 확실히 여러 면에서 발달이 천천히 이루어지고 있었다. 그러나 유치원에 들어가기 전에는 멋대로 가버리거나 패닉 상태를 보인 적은 드물었다. 오히려 혼자 조용히 노는 일이 많아 손이 가지 않는 아이라고 느낄 정도였다. 그래서 엄마는 이 상황에 적잖이 놀라지 않을 수 없다.

유치원에 아이를 데리러 가면 "송이가 오늘도 울었어요….", "교실에서 갑자기 사라져서 찾으러 갔더니, 유치원 놀이터에서 혼자 놀고 있더라고요."

---

* 한국의 보육교사, 특수교사 배치 기준 : 일반 어린이집의 경우, 장애아 3명당 1명의 보육교사를 배치해야 하며, 장애아 9명당 1명은 특수교사 자격소지자로 배치해야 함.

라는 이야기를 자주 듣는다. 최근에는 매일 아침 유치원에 갈 준비를 할 때마다 송이가 꾸물거리는 탓에 애를 먹는다. 엄마는 이러다 아이가 유치원 밖으로 나가버리지 않을까 불안하다. 유치원에 보육교사 추가 배치를 요청할 수 없는지 고민이다.

· 키워드

의사소통 발달, 6차 영유아 건강검진, 자폐 스펙트럼 장애 증상, 추가 보육교사 배치, 예민한 감각, 패닉 증상, 아이를 안심시키는 대응과 환경 조성

해설 5 아이의 시선으로 유치원 바라보기

먼저 의사소통 면의 발달이 염려된다는 것은 **상호 간의 의사전달이 수월하게 이루어지지 않고, 서로 이해하기 힘든** 상태라는 뜻입니다.

"~하고 싶어서 밖에 나가고 싶은데, 그래도 되나요?"

"알겠어. 그럼 15분이 지나면 돌아와야 해."

"네."

체조나 노래 부르기, 만들기 시간에 송이와 선생님 사이에 이 같은 대화가 오간다면 갑자기 자리를 떠나거나 무단으로 나가는 형태가 아니게 됩니다. 즉, 의사소통이 이루어지는 것이지요.

"지금부터 아침 체조를 할 건데, 송이도 같이 할래? 아니면 모래사장에서 놀다가 체조가 끝나면 돌아올래?"

"저는 모래사장으로 갈래요."

혹은, 이 같은 대화가 있었다면 서로 이해했을 것입니다. 그러나 현재 송이의 생활에서는 이런 소통이 이루어지지 않아 보입니다.

유치원에 들어가기 전까지 송이는 갑자기 마음대로 장소를 떠나거나 패닉 상태를 보인 적이 거의 없습니다. 오히려 자기 세계에서 평온하게 생활했던 것으로 보입니다. 집에서는 비록 말을 충분히 잘하지 못하더라도 엄마와의 소통이 가능했을 것입니다. 유치원에서 소통이 이루어지지 않는 모습 속에서, 송이가 현재 **유치원의 생활방식에 혼란을 느껴 힘들어하는 것은** 아닌지 짐작해봅니다.

유치원 생활을 송이의 시점에서 바라본다

송이는 유치원 생활 중에서 어떤 것에 어려움을 겪고 있을까요? 조금 전의 장면들을 송이의 시점에서 상상해 봅시다. '유치원에 도착해 앞으로 무엇을 할지 파악하지 못해 마음의 준비가 되지 않았는데, 갑자기 체조 시간이 시작된다. 그러더니 느닷없이 노래를 부르라고 한다. 이제는 만들기 시간이라며 완성했을 때 어떤 형태가 되는지, 또 그러기 위해서는 어떤 순서를 거쳐야 하는지도 모르는 만들기를 시작하라고 한다…' 이때, 송이는 상황을 **회피하거나 거부함으로써 자신이 느끼는 불안을 조절**하려고 합니다. 따라서 송이가 하려는 행동을 막거나, 설득해 그 활동을 시키려고 하면 더 심하게 울며 거부하는 모습을 보일 수 있지요.

일반적으로 사람은 누군가 자신에게 어떤 일을 시켰을 때, 강요받는다고 느끼거나 수용하지 못하면 다음과 같은 행동을 보입니다.

① 포기하고 그 일을 한다
② 마지못해 한다
③ 저항하거나 거부한다
④ 무시하고 하지 않는다

'충돌을 피하고 순순히 하겠다'는 마음이 있다면 ①이나 ②의 행동을 취할 것입니다. 반대로 '절대 하지 않겠다'는 ③과 같은 마음이라면 난리를 피우거나, 울음을 터뜨리거나, 혹은 그 자리를 박차고 나갈지도 모릅니다. 한편 단단한 방어벽을 치고, 자신의 놀이나 페이스를 지키고 싶을 때는 ④의 모습을 보입니다. 그리고 ③이나 ④의 행동을 취했는데도 계속해서 강요받는다면 결국에는 ①이나 ②의 행동을 보일 수 있습니다. 또, 아무리 애를 써도 달성할 수 없는 과제라면, 그것을 시키는 상대방에게 화를 내고 싶어지거나 달성하지 못하는 자신을 탓할 수 있습니다.

이처럼 다양하게 상상해 보면, 송이는 앞으로 무슨 일이 일어날지 모른다는 불안을 느끼고 있다고 짐작할 수 있습니다. 따라서 '앞으로 할 일'과 '하지 않을 일', '이 일이 끝난 뒤에 할 일'을 아이가 **이해하기 쉽게 알려줄** 필요가 있습니다. 만약 **송이가 문제없이 그 일을 수행한다면 '받아들였다'는 뜻이고, 하지 않는다면 '할 수 없거나 하고 싶지 않다'는 의사표시**라고 이해할 수 있겠지요. 다시 말해, **의사소통이 가능해진다**는 것입니다.

아이가 안심할 수 있는 대응 방법과 환경 조성을 생각한다

송이가 안심하고 유치원 생활을 할 수 있는 환경을 만들기 위해서는 가정과 유치원의 협력이 꼭 필요합니다. 어떻게 협력하면 좋을지, 몇 가지 힌트를 소개합니다.

송이가 안심할 수 있는 장소를 만든다

먼저 '혼자 조용히 노는 일이 많고 손이 가지 않는 아이'라는 정보에 더해 '집에서는 어떻게 시간을 보내는지'에 대해 엄마에게 이야기를 들을 필요가 있습니다. 혼자 조용히 노는 것을 좋아한다면 **유치원에서도 혼자 시간을 보낼 수 있는 장소를 마련해** 두면 좋습니다.

한 유치원에서는 등원 후 교실로 바로 가지 않고, 별도로 마련된 교실에서 보육교사가 아이와 둘이 아이가 좋아하는 활동을 하며 마음을 안정시킨 다음 친구들과 활동하도록 하는 방법을 시도하고 있다고 합니다. 아이가 좀처럼 안심하지 못하는 경우라면 **엄마와 교사가 함께 별도 교실에서 보내는 시간을 마련하는** 것도 좋지 않을까요.

그날의 일정을 이해하기 쉽게 알려준다

등원 후 아이를 **다른 교실로 데리고 가서 사진이나 그림을 보여주며 그날의 유치원 일정을 알기 쉽게 가르쳐주는 것도 방법**입니다. 이때 한 번에 많은 정보를 설명하는 것이 아니라, 일부 일정만 가르쳐주고 생활하게 한 뒤, 중간에 이후 일정을 알리는 것도 효과적일 수 있습니다.

사진이나 그림을 활용하면 말로만 전달할 때보다 훨씬 쉽게 이해할 수 있습니다. 조용한 장소에서 아이와 1:1로 소통할 좋은 기회이니만큼, 사진만 보여줄 것이 아니라 **짧은 말도 곁들이면 좋겠지요.** 그리고 가능하면 **어느 선생님이 대하든,** 아이에게 같은 흐름으로 설명할 수 있도록 하시길 바랍니다.

유치원에서 실시하는 이 같은 일정 제시를 **집에서도 '오늘의 모습'을 돌아보거나 아이에게 '내일 일정'을 미리 알릴 때 사용해 보고, 잘 전달되었는지 등을 확인**해 봅시다. 그리고 아이가 더 이해하기 쉬운 방법이나 좋은 아이디어가 떠오르면 엄마와 교사가 공유하면서 꾸준히 개선해 나가면 좋겠지요.

여기서 한 가지 어머님에게 부탁드리고 싶은 것이 있습니다. 선생님의 실천으로 송이가 안정된 모습을 보이면 **선생님을 격려하고 칭찬해** 드리는 일입니다. 이때 **선생님이 보람을 느낀다면 아이와 관계가 그만큼 가까워졌다는 증거**입니다.

예민한 감각이나 힘들어하는 것이 없는지 확인한다

송이가 특정 소리나 빛, 장소를 유독 불안해하거나 무서워하지 않는지도 확인할 필요가 있습니다. **선천적으로 오감 중 어느 하나가 지나치게 예민한 아이**도 있습니다. 그런 아이들은 예를 들어, 아주 작은 소리까지 감지하기도 하고, 특정 주파수를 불쾌하게 느끼거나 형광등처럼 밝은 빛을 힘들어하기도 합니다. 또, 미세한 진동음에도 불안이나 공포를 느끼기도 하고, 미각이 지나치게 민감한 경우는 미세한 맛의 차이를 알아차리고 먹기를 거부하기도 합니다.

'할 일'의 흐름을 알기 쉽게 설명한다

스티커나 자석으로 달성한 일을 표시하면, 아이는 성취감을 느낄 수 있을 뿐 아니라 다음에 해야 할 일도 쉽게 알 수 있다.

아이가 힘들어하는 일 역시 파악해 둘 필요가 있습니다. 송이가 노래 시간을 힘들어하는 이유가 노랫소리나 반주 소리가 싫어서인지, 불협화음을 듣기가 고통스러운 것인지를 알아야 합니다. 또, 만들기 활동이라면 만들기를 싫어하는 이유가 만드는 순서를 파악하기 힘들어서인지, 아니면 자신이 취하기 힘든 동작(섬세한 손가락의 움직임)을 요구하기 때문인지 이유를 파악하고 교사와 서로 정보를 주고받아 알고 있어야 합니다.

유치원에서 시도할 수 있는 방법은 다양합니다. 선생님과 어머님이 함께 상의해 보고 그 결과를 송이에게 "내일부터는 이렇게 될 거야."라고 미리 알려주시면 좋을 것입니다.

사람은 누구나 늘 하던 것을 할 수 있을 때는 안심을 느끼지만, 자신이 예측하지 못할 때는 불안을 느끼기 마련입니다. 현재 송이는 **유치원에서 생활하는 방식을 다 파악하지 못한데다 자신이 서툴고 힘들어하는 부분이 더해져 불안과 공포가 증폭되었고, 갑작스럽게 일어나는 일에 버거워하는 상태**라고 상상할 수 있습니다.

다만, 여기서 **문제는 많은 아이를 돌봐야 하는 선생님에게 어느 정도까지 송이에게 세심한 대응을 해주도록 부탁할 수 있는가**입니다. 어머님도 보육교사 한 명이 이 상황에 대응하기란 어렵다는 사실을 알고 있으므로 선생님에게 무리한 부탁을 하기 어렵다고 느끼실 것입니다. 그래서 '추가 보육교사 배치'를 생각해볼 수 있습니다. **추가적인 보육교사 배치 가능 여부는 보육기관의 사정에 따라 다르기도 하고, 의료기관에서 발급한 진단서가 필요한 경우도 있습니다.** 그 부분도 확인한 다음, '송이와 담임 선생님을 위해' 가족의 의견을 모아 유치원 측과 잘 상담해보시면 좋겠습니다.

☆ 송이의 마음과 행동에 다가가기 위한 힌트

송이를 안심시키기 위해서는 그날의 일정을 그림이나 사진으로 만들어 이해하기 쉽게 알려줄 필요가 있습니다. 또한, 아이가 힘들어하는 것도 미리 파악해 두면 도움이 됩니다. 만약 앞으로도 송이가 안절부절못하는 모습을 보이면 불안이나 공포를 느끼는 상태라고 여기고, 아이를 안심시키는 방법을 생각해 보시길 바랍니다.

유아기 Case 6   툭하면 친구를 때리는 지혁이(54개월)

지혁이는 친구를 자주 공격한다. 상대방이 먼저 때렸다거나 싫은 말을 들은 것도 아닌데, 갑자기 물건을 집어 던지거나 친구를 때리고, 폭언을 뱉기도 한다. 유치원 선생님이 "친구가 아프니까 때리지 말자."라고 말하면 "응." 하고 대답한다. 그러나 그것도 잠시, 얼마 안 있어 같은 행동을 반복한다. 몸속 어딘가 스위치가 켜지면 스스로 통제하지 못하는 것 같다. 4세가 되고 나서 발달센터에서 상담을 받았고, 주의력결핍 과잉행동 장애(ADHD)일지도 모른다는 이야기를 들었다. 담임 선생님에게도 이 사실을 알렸지만, 선생님들은 대응이 쉽지 않아 머리를 싸매고 있는 것 같다.

선생님에게서 "유치원 생활을 한번 보러 오시면 좋겠어요."라는 연락을 받았고, 며칠 뒤 유치원에서 아이가 지내는 모습을 조용히 지켜봤다. 자유놀이 시간에 혼자서 블록으로 놀던 지혁이는 다른 친구가 다가와 같이 놀자고 말하자, 블록으로 그 친구를 때린다. 그 모습을 본 선생님이 얼른 달려와 지혁이를 말리자 "죽여버린다!" 하고 소리를 지른다. 또, 급식시간에는 다 같이 "잘 먹겠습니다."라고 말하고 먹어야 하는데, 그새를 기다리지 못하고 먼저 먹기 시작한다. 그리고 밥이나 반찬을 더 받는 시간이 되자 선생님 앞으로 돌진한다. 달려가는 과정에서 지혁이 앞에 있던 여자아이를 홱 밀친다. 유치원 연락장에 이러한 일이 적힌 날이 계속되고, 그때마다 엄마는 유치원에 찾아가 연신 고개를 숙인다. 반 친구들 사이에서는 이미 '무슨 짓을 할지 모르는 아이'라는 인식이 굳어지면서 지혁이를 무서워한다.

이미 지혁이에게 몇 차례나 맞은 적 있는 아이의 엄마로부터 담임 선생님에게 항의가 들어오기도 했다. 원장선생님은 "다른 부모님들께 지혁이가 ADHD일지도 모른다고 설명하시면 어떨까요?"라는 제안을 해왔다. 유치원 선생님도 상당한 부담을 느끼고 있을 테고, 아이를 등하원시킬 때 눈치를 보는 지금 상황을 고려하면, 주위에 알리는 편이 낫겠다는 생각이 든다. 하지만 한편으로는 '아직 확실하게 ADHD 진단을 받은 것도 아닌데…'라는 생각 때문에 거부감도 있다. 남편에게 이 이야기를 하자, 남편은 ADHD 일지도 모른다는 말은 절대 입 밖으로 꺼내지도 말라며 극구 반대한다.

·키워드
주의력결핍 과잉행동 장애, 친구와의 잦은 충돌,
아이 친구 엄마들과의 불편한 관계, 주변 사람들에게 알리기

해설 6 아이의 진짜 속마음을 들여다보는 연습

지혁이의 일상생활 모습을 살펴보니, 아이를 둘러싼 사람들의 복잡한 감정이 저에게도 전해지는 것 같습니다. 아이가 주변 사람들에게 피해를 준다는 내용이 담긴 연락장을 매일 확인하는 어머님의 심정, 그리고 그때마다 가슴 졸이며 사과하러 가시는 모습을 생각하니 무척 마음이 아픕니다. 물론 지혁이에게 맞은 아이의 부모님은 우리 아이는 아무 잘못도 없는데 왜 그러는지 모르겠다며 속상하시겠지요. 그 마음도 충분히 이해합니다.

양쪽의 입장을 다 헤아려야 하는 유치원 선생님도 분명 마음이 복잡하고 힘들 것입니다. 유치원 측에서도 '주변 부모님들에게 지혁이가 왜 이러한 행동을 보이는지, 그 원인을 설명하면 지혁이가 덜 힘들어질 것'이라며 진단명 공개를 제안하지만, 그것이 가장 좋은 방법이라는 확신은 없어 보입니다. 나름대로 고민 끝에 내놓은

궁여지책이겠지요.

조금 늦은 감은 있지만, 이렇게 힘든 상황에서 지혁이는 과연 어떤 마음이었는지를 다시 상상해 보고, 무엇을 할 수 있는지 생각해 봅시다. 모든 일에 늦은 때란 없습니다. 아무도 받아들이지 못하는 방법을 성급히 진행하기보다, 먼저 심호흡을 하고 주변을 차근차근 확인해 봅시다.

지혁이의 언행에 담긴 '진짜 마음'

주변 사람들은 화를 내거나 폭력적인 행동을 보이는 이유를 알지 못해 지혁이를 어려워합니다. '이해하기 어려운 지혁이의 언행'에 담긴 '진짜 마음'을 함께 상상해 봅시다. 먼저 지혁이의 행동을 정리하면 다음과 같습니다.

① 지혁이는 자유놀이 시간에 혼자 블록 놀이를 하고 있었다. 그런데 한 남자아이가 함께 놀자며 다가오자 블록으로 때렸고, 그것을 말리는 선생님에게 "죽여버릴 거야!"라고 소리를 질렀다.

② 급식시간에 "잘 먹겠습니다."라고 말하는 시간을 기다리지 못하고 먼저 먹기 시작했고, 음식을 추가로 받는 시간이 되자 선생님이 있는 곳으로 쏜살같이 돌진했다. 그 과정에서 앞에 있던 여자아이를 밀쳤다.

①의 경우, "혼자서 놀고 싶었니?", "블록을 뺏길 것 같았어?"라고 친구를 블록으로 때린 이유를 물어보면 지혁이가 보인 행동의 의미를 파악할 수 있습니다. 이와 마찬가지로 선생님에게 죽여버리겠다고 소리를 지른 이유도 "혼날 것 같았어?", "선생님이 블록을 뺏어간다고 생각했니?"라고 직접 물어볼 수 있습니다. 죽여버릴 거란 말은 어쩌면 TV 프로그램 등에서 들은 대사일지도 모릅니다. 이것은 추후 어머님에게 확인해 봐야 합니다.

②의 경우, "얼른 음식을 더 받고 싶었어?", "음식이 떨어질까 봐 걱정됐니?"라고 물어보면, 지혁이의 행동이 앞으로 일어날 일에 대한 초조함이나 성급함 때문이었는지 아닌지를 확인할 수 있습니다.

또한, **가정에서도 ①이나 ②와 같은 행동을 자주 보이는지** 어머님에게 물어볼 필요가 있습니다.

다만, 지혁이가 **솔직하게 대답해줄지 아닐지는 상대방과의 신뢰 관계에 달렸습니다.** 무슨 말을 해도 상대방에게 주의를 듣거나 혼날 것이라고 느낀다면, 속마음을 말하지 않을 수 있습니다. 그러므로 **아이의 솔직한 마음을 끌어낼 수 있는 사람이 있는지**가 중요합니다. 때로는 그 역할을 부모나 교사 이외의 다른 사람이 맡는 편이 나을 수 있지요. 물론 아이가 한 말이 어디까지 진실인지를 생각하기 시작하면 끝이 없을지도 모릅니다. 그러나 질문하고 아이의 말을 듣는 방법을 사용하면 최소한 **'무슨 짓을 할지 모르는 아이'라는 오해는 풀릴** 수 있습니다.

불안을 해소할 수 있는 환경을 마련한다

앞서 92쪽에서 살펴본 ①과 ②의 상황을 통해 상상해 볼 수 있는 지혁이는 '즐거워서 어쩔 줄 모르는' 모습이 아니라, '심하게 불안해하는' 모습입니다. 그렇다면 어떻게 해야 지혁이가 유치원에서 안심하고 생활할 수 있을까요?

①의 경우, 선생님에게 요청해 지혁이가 혼자 놀 수 있는 공간을 마련해 보면 어떨지 제안합니다. 그 공간은 아무도 방해할 수 없는, 지혁이에게는 특별한 장소여야 합니다. 지혁이의 의사를 확인해 보고 활용해 보시면 좋겠습니다. 처음에는 지혁이가 전용 공간에서 안심하고 있을 수 있게 하고, 친구들과 서서히 그 공간에서 함께 놀 수 있도록 하는 방법도 생각해 볼 수 있습니다.

②의 경우, 명확한 규칙을 정해두는 것도 효과적일 수 있습니다. 예컨대 **'음식을 추가로 받을 수 있는 쿠폰'을 하루에 5장 만들고, 출석번호 순으**로 그날 쿠폰을 사용할 수 있는 아이를 미리 정해둡니다.
아무리 밥을 빨리 먹어도 이 쿠폰이 없으면 음식을 더 받을 수 없습니다. 물론 원하지 않으면 쿠폰을 사용하지 않아도 됩니다. 규칙을 만들어 두면, 자기 생각을 우선시하는 지혁이도 최소한의 규칙을 지켜야 한다는 사실을 조금씩 배워나갈 수 있을 것입니다.

각 방법은 시간을 두고 꾸준히 해나갈 필요가 있습니다. **특별한**

혼자 놀 수 있는 공간을 확보한다

누구에게도 방해받지 않는 공간을 마련하는 것이 중요하다. 이 전용 공간에서 안심한 모습을 보이면, 조금씩 친구들과 어울리게 한다.

대우는 하지 않지만, 불안을 쉽게 느끼는 지혁이를 보호하기 위해 지혁이에게 맞춘 대응 방법을 준수하는 것이 중요합니다.

주변 어른들의 과제

지혁이에게 필요한 대처 방법을 염두에 두고, 앞서 살펴본 사례의 3가지 과제 이야기로 돌아가겠습니다.

유치원과 가정에서 주고받는 연락장

'지혁이가 문제 행동을 종일 반복하는 것은 아니다'라는 정보를 공유할 필요가 있습니다. 그러기 위해서는 연락장에 두 가지 사항을 적으면 좋습니다. '①오늘 생활에서 지혁이가 잘한 점' 그리고 '②주변 사람들과 마찰을 빚은 점'입니다. 분량은 ①을 80%, ②를 20% 정도로 하고, 잘한 점을 강조해서 적습니다. 만약 친구를 때리는 일이 있었다면 연락장에는 간략하게만 언급하고, 자세한 내용은 교사와 엄마가 전화 등으로 직접 이야기합니다.

연락장을 기록하는 사람은 나중에 지혁이가 스스로 글자를 읽을 수 있는 나이가 되었을 때, '선생님과 엄마가 나를 이렇게 생각하셨구나.'라고 받아들일 가능성이 있음을 의식하고 작성하시면 좋겠습니다.

다른 부모에게 대응하는 방법

의학적인 설명보다 '지금 유치원과 가족이 힘을 합쳐, 지혁이에게 계획적인 대처 방법을 실시하고 있다'고 설명하는 편이 좋습니다.

부모의 의견이 서로 다른 경우

가능하면 의료기관을 방문해 설명을 들어보시길 권장합니다. 부모의 **의견이 서로 다를 때 필요한 것은 옳고 그름을 밝히는 것이 아니라, 서로의 생각을 이해하고 아는 것입니다.** 서로 의견은 다를지 몰라도 '두 분 모두 진심으로 지혁이를 생각한다'는 사실은 같을 것입니다. 다만 대응이나 대처 방법이 다를 뿐이라고 생각합니다. 그러니 진단명에 대한 설명을 듣기 전에, 먼저 지혁이에 대한 서로의 생각을 차분히 나눌 필요가 있습니다. 두 분 사이에 **전문가가 개입하면, 냉정하고 어느 정도 객관적인 대화, 의견의 좋고 나쁨을 가리지 않는 대화를 할 수 있을 것입**니다.

☆ **지혁이의 마음과 행동에 다가가기 위한 힌트**

지혁이가 가만히 있지 못하는 이유는 결코 재미나 즐거움 때문이 아닙니다. 지혁이는 자신이 원하는 흐름이 깨지거나, 주변 사람들이 자신의 '계획'을 방해했다고 생각하면 심한 불안이나 공포를 느낍니다. 화를 내거나 때리는 행동으로 어떻게든 그 감정을 지우기 위해 애쓰는 것이라고 할 수 있습니다.

그러므로 지혁이가 불안과 공포를 느끼고 있다는 사실을 이해할 필요가 있습니다. 지금이야말로 부모님이 서로 마주하고 대화를 나눌 기회입니다. 이 기회는 지혁이가 두 분께 드리는 소중한 선물이 아닐까요.

유아기 Case 7 생활습관이 좀처럼 잡히지 않는 미연이(6세)

미연이는 매우 느긋해서 유치원에서도 무슨 일이든 다른 아이들보다 시간이 걸린다. 예를 들어 밖으로 나가기 위해 신발을 신을 때, 또래보다 시간을 더 들여야 한다. 힘들게 신었는데 신발의 좌우가 바뀌어 있는 경우도 자주 있다. 옷을 갈아입는 일도 쉽지 않다. 옷을 입을 때 머리나 팔을 어디로 넣고 빼야 하는지 잘 알지 못하는 것 같다. 단추를 잘못 채우거나 옷의 앞뒤를 잘못 입는 일도 흔하다. 또, 식사 시간에는 숟가락과 젓가락을 능숙하게 사용하지 못해 음식을 많이 흘리고, 먹는 시간도 길다.

또래 아이들은 보통 5세가 되면 기본적인 생활습관을 익힌다. 그런데 미연이는 그렇지 못하다 보니 유치원 교사는 미연이가 걱정된다. 미연이의 엄마는 아이에게 짜증을 내며 심하게 꾸짖을 때가 많아 미연이를 대하는 엄마의 태도 역시 마음에 걸린다. 유치원 방문 간호사는 발달장애가 의심된다고 말한다.

담임교사는 늘 우울한 표정의 미연이만 생각하면 어떻게든 돕고 싶다. 발달센터에 다니면 기운이 나지 않을까 싶지만, 아이 엄마에게 어떻게 이야기를 꺼내야 좋을지 모르겠다. 미혼모인 미연이의 엄마는 항상 여유가 없어 보이고, 미연이의 행동에 대해 이야기해도 "미연이는 생일이 빨라서 아직 다른 아이들을 따라가기가 힘든 것 같아요.", "제가 매일 바쁘다 보니 예의를 잘 가르치지 못해서…."라는 반응을 보인다. 미연이가 발달 지연 수 있다는 생각은 하지 않는 것 같아 우려스러운 점을 공유하기 힘들다. 교사는 미연이가 내년에 초등학교에 들어가는 만큼 더 늦기 전에 대책을 세워야 한다는 생각에 마음이 조급하다. 그러나 좋은 방법이 떠오르지 않는다.

· 키워드
생활습관 독립 지연, 서투름, 운동 협응, 전문가 연계, 한부모가정, 초등학교 입학 먼저 중요한 것은 미연이 어머님은 결코 아이를 제대로 돌보지 않거나 뒷전으로 여기는 것이 아니라는 점입니다. 생계를 위해, 그 대부분은 미연이를 위해 고군분투하고 있다는 사실을 짚고 넘어가고 싶습니다. 미연이에게 필요한 대응 방법을 고민하기 전에, 우선 어머님에게 "많이 힘드시지요. 오늘은 미연이에 대해 함께 생각해 보면 어떨까요?"라고 여쭤보고 "절대 무리하시면 안 됩니다. 생활이 가장 중요하고 그다음이 미연이와 어머님이니까요."라고 말씀드리고 싶습니다. 그런 뒤에 대응 방법을 생각해 나갑니다.

생활습관보다 동작에 힌트가 있다

미연이에게서는 구체적으로 다음과 같은 모습을 볼 수 있습니다.

① 신발을 신는 데 시간이 걸린다 → 서툴다?

② 신발 좌우를 잘못 신는다 → 좌우 구별을 하지 못한다?

③ 옷을 갈아입거나 벗는 것이 어렵다 → 순서를 모른다? 서툴다? 봐도 잘 이해하지 못한다?

④ 숟가락을 능숙하게 사용하지 못한다 → 어려움을 느낀다?

다른 상황에서는 어떨까요. 예를 들면 화장실에서 스스로 볼일을 볼 수 있는지, 배변 후에 엉덩이를 잘 닦을 수 있는지, 또 운동 면에서는 달리기하는 모습은 어떤지, 만들기 활동에서는 가위를 잘 사용하는지 등을 살펴볼 필요가 있습니다.

미연이가 하고 싶지 않아서 일부러 못하는 척하거나 실수한다고 생각하기는 어렵습니다. 생활습관이라기보다, 운동신경이 뛰어나지 않아 서툴다고 생각해야 적절할 것입니다. 움직임이 빠르지 않고, 사물을 볼 때 눈의 움직임이나 손동작이 자연스럽지 않고, 몸동작이 부드럽지 못해 **'큰 동작'**, **'섬세한 동작'**, **'손과 발 등을 동시에 움직여야 하는 동작'**을 어려워하는 것은 아닐까요?

생활 속에서 동작을 꾸준히 연습한다

가설을 전제로, 미연이가 **어려워하는 동작을 연습**해 나감으로써 조금씩 극복할 수 있으면 좋겠습니다. 예를 들어 일상생활이나 유치원 생활에서 다음과 같은 동작을 연습해 볼 수 있습니다.

· **큰 동작:** 달리기, 제자리 높이 뛰기, 한 발로 서기 등
· **섬세한 동작:** 동전 쥐기, 선 따라 그리기 등
· **눈과 손의 운동 협응:** 저금통에 동전 넣기, 콩주머니 던지고 받기, 가위로 자르기, 종이비행기 만들기 등
· **손과 발의 운동 협응:** 손을 흔들며 걷기 등

특별한 방법이 아니더라도, 아이에게 친근한 놀이나 활동을 하다 보면 분명 미연이가 어려워하는 운동에 도움이 되는 동작을 많이 발견할 수 있을 것입니다. 최대한 **과정을 간단하게, 그리고 짧은 시간에 하나씩 집중할 수 있도록 해 자신감을 길러 나갑시다.** 다만 그 동작을 완벽히 해내거나 훈련을 통한 단련을 목표로 삼기보다, **즐기면서 그리고 무리하지 않는 선에서 노력한다는 생각으로 해나가시**길 바랍니다.

조급해하지 말고, 장기적인 관점으로 바라본다

'초등학교 입학 때까지 가능하게 해야 한다'고 목표를 잡으면, 미연이도 어머님도 초조함을 느껴 자칫 의욕을 잃어버릴 수 있습니다. **입학 후에도 계속해서 연습한다**는 생각으로 마음에 여유를 가집시다. 가장 조심해야 할 것은 미연이가 '할 수 없다'는 것에 자신감을 잃고 우울해하거나 의욕을 잃어, 결과적으로 자신은 안 된다며 자존감에 상처를 입는 일입니다.

어머님 역시 '이렇게 노력했는데 역시 안 되는구나.' 하고 낙담해 그 감정을 자신이나 미연이에게 쏟아내는 일은 피해야 합니다. 주변에서도 **"아직 이 일은 서투르지만, 너의 ○○은 정말 대단하구나."라고 미연이를 계속 칭찬하고 격려해 주시면** 좋겠습니다.

'장기적인 관점에서 대응하기' 위해서는 반드시 여유가 필요합니다. 현재 어머님의 바쁜 생활과 고충을 생각하면 여기서 더 미연이에게 에너지를 쏟기란 매우 어려울 것입니다. 일상생활에서는 어머님이 대부분을 도와주셔도 상관없습니다. 오히려 그렇게 해야 '미연이가 스스로 하게 해야 한다'는 조급함이나 초조함이 덜어집니다. **80~95%까지는 어머님이 하시고, 마지막만 본인이 하도록 한 뒤 칭찬**해주는 것입니다. 이 정도라면 아무리 바빠도 가능하지 않을까요.

예를 들어 구두를 신을 때는 어머님이 신겨주시고, 마지막에 발끝을 톡톡 쳐서 신발이 제대로 들어갔는지 확인하는 일만 미연이가 하게 합니다. 그리고 "잘 했네!"라고 칭찬해주는 것이지요. 마찬가지로 옷을 갈아입을 때도 단추를 잠그는 것까지는 어머님이 도와주시고, 마지막에 옷자락을 펴는 것만 미연이가 하도록 해도 충분합니다. 이렇게 해서 미연이가 **'해냈다!', '성공했다!'**라는 성취감을 느낀다면 **차츰 조금 더 노력하려는 태도를 보일 것입니다.**

아이의 발달을 지원해 주는 서비스를 적극적으로 활용한다

유치원 선생님이 '미연이가 발달센터에 다니면 기운이 나지 않을까.' 하고 마음을 써주는 것은 무척 고마운 일입니다. 다만 어머님은 생활이 바쁘다 보니 이용할 수 있는 복지 서비스는 무엇이 있는지 모를 가능성도 있습니다. 이 경우, 유치원 측에서 먼저 지역에서 이용 가능한 발달센터나 치료실을 제안하면 훨씬 검토하기 쉽겠지요. 나아가 이 서비스를 활용하기 위해서는 바우처 카드*가 필요합니다. 어머님이 필요한 서류 등을 발급하기 위한 시간조차 내기 힘든 상황이라면, 최대한 단시간에 카드를 받을 수 있는 정보를 안내하는 것도 도움이 될 것입니다. 또, 유치원에 순회 방문을 하는 의료 전문가가 있다면 그분에게 도움을 구하는 것도 방법입니다.

어머님이 '주변 사람들의 도움이 미연이게 유익하다'고 느끼는 경험이 쌓이면, 아이가 초등학교에 입학한 후에도 이용 가능한 복지 서비스를 요청할 수 있습니다. **아이 양육을 혼자서만 끌어안지 말고, 주변 사람들의 도움이나 복지 서비스를 적극적으로 활용**하시면 좋겠습니다.

☆ 미연이의 마음과 행동에 다가가기 위한 힌트

미연이는 생활습관을 몸으로 익히기까지 시간이 걸리는 아이입니다. 자전거 타는 법을 가르칠 때와 마찬가지로, 아이가 요령을 터득할 때까지 격려하고 이해하기 쉽게 알려주고, 몸이 기억할 때까지 반복하게 할 필요가 있습니다.

또, 미연이에게 의욕을 불어넣기 위해서는 '시켜서 한다'가 아니라, '하고 싶어서 한다'고 생각하도록 해야 합니다. 잘 하지 못한다고 질책하면 오히려 아이는 작아집니다. 의욕은 칭찬을 통해 길러진다는 사실을 기억해주세요.

---

* 발달재활서비스를 이용하기 위해 필요한 복지 카드. 만 18세 미만 장애아동이 대상이며, 장애아동, 부모, 대리인 등이 주민등록상 주소지 동 주민센터에 신청해야 한다. 건강보험료 본인부담금액을 토대로 대상자 여부 및 등급을 결정한다.

초등학교 선택은 신중하게

드디어 초등학교 입학 시기입니다. 멋진 책가방도 준비했고, 학교를 오가는 길도 몇 번이나 함께 가보았습니다. 아이가 유치원 졸업식을 앞둔 시점부터 부모님의 마음은 이미 초등학교 입학식 날로 가 있을 것입니다. 담임선생님은 어떤 분일지, 학교는 어떨지, 기대와 불안이 섞여 있겠지요.

초등학교 입학에 놓인 3가지* 선택지

아이의 발달에 불안을 느끼는 가정에서는 보통 아이가 만 5세 반으로 올라갈 무렵, 초등학교 선택을 놓고 고민을 시작합니다. 현재 모든 학교에서는 특수교육이 필요한 학생들을 위한 지도가 이루어지고 있습니다. 특수학교 및 특수학급에서는 장애가 있는 아이들이

---

* 국내 실정에 맞춰 '3가지'를 소개합니다.

자신의 능력을 최대한 발휘하고 사회의 구성원으로 살아가는 힘을 기를 수 있도록 특수교육을 실시합니다.

특수교육대상자 아이들의 배움이 이루어지는 곳은 크게 3가지로 나눌 수 있습니다.

통합학급(일반학급)

일반학교에 설치된 학급으로, 특수교육대상 학생들과 그렇지 않은 학생들이 함께 수업을 받습니다.

특수학급

특수교육대상자의 통합교육을 실시하기 위해 일반학교에 설치된 학급을 가리킵니다. 특수교육 담당교사가 지도하며, 장애가 있는 학생 소수로 구성되어 있습니다. 아이들 개개인의 수준을 파악한 교육을 제공합니다.

특수학교

신체적 · 지적 장애 등으로 인해 특수교육을 필요로 하는 아이들을 위한 학교로, 일반학교와 분리된 형태로 설립됩니다. 비교적 중증장애를 가진 경우에 선택합니다.

지역이나 학교에 따라 실정은 다릅니다. 통합학급에서의 개별적 배려를 기대하기 어려운 경우도 있고, 아이를 특수학교에 보내고 싶지만 지적장애가 없다는 이유로 일반학교가 타당하다고 판단될 때도 있습니다. 사전에 실시되는 취학상담에서 충분히 상의하는 것이 중요합니다.* 그리고 **가고 싶은 학교나 학급이 결정되었다면, 반드시 미리 견학을 가서 어떤 자세로 아이들을 대하고 지원하는지를 직접 확인**해 둡시다.

통합학급과 특수학급의 장단점

초등학교는 아이가 6년이라는 긴 시간을 보내는 곳입니다. 부모는 그 이후의 일도 상상하며 아이의 마음을 비롯해 부모의 바람, 주변 사람들의 제안 등, 다양한 의견과 생각 속에서 고민하고 결단합니다. 이 고민에는 정답이 없다고 생각합니다. 대신 저는 **부모님들의 끝없은 고민과 기대에 귀를 기울이고, 부모님의 상황과 수용 방식에 맞추어 함께 상의**하며 동행코자 합니다. 세 가지 경우로 살펴봅시다.

---

* 다만 우리나라의 경우, 반드시 취학상담에서 여부가 결정된다고 말하기 어렵다. 특수학교 입학을 희망하는 경우, 배치까지의 흐름은 아래와 같다. ① 서류 제출 및 상담: 이때 상담은 특수교사 1인이 부모와 아이에 대해 각각 면담 및 검사를 실시해 보고서를 작성하고 이를 특수교육위원회에 송부함. → ② 위원회에서 특수교육대상자 심의ㆍ배치ㆍ선정함 → ③ 새로 구성된 팀이 선정된 대상자 상담을 진행. 배치 경합은 필요한 경우 실시하는데 지금까지 경합이 없었던 적은 없다고 봐야 함. 즉, 신청자가 많으므로 1차로 선정된 아이들 중에서 다시 선별하는 과정을 거침. (참고: http://sbedu.sen.go.kr/CMS/admininfo/admininfo01/admininfo0101/1326003_1365.html)

특수교육대상자를 위한 학급 · 학교*

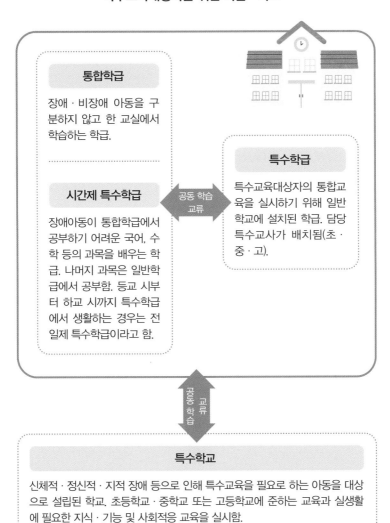

통합학급

장애 · 비장애 아동을 구분하지 않고 한 교실에서 학습하는 학급.

시간제 특수학급

장애아동이 통합학급에서 공부하기 어려운 국어, 수학 등의 과목을 배우는 학급. 나머지 과목은 일반학급에서 공부함. 등교 시부터 하교 시까지 특수학급에서 생활하는 경우는 전일제 특수학급이라고 함.

공동 학습 교류

특수학급

특수교육대상자의 통합교육을 실시하기 위해 일반학교에 설치된 학급. 담당 특수교사가 배치됨(초 · 중 · 고).

공동 학습 교류

특수학교

신체적 · 정신적 · 지적 장애 등으로 인해 특수교육을 필요로 하는 아동을 대상으로 설립된 학교. 초등학교 · 중학교 또는 고등학교에 준하는 교육과 실생활에 필요한 지식 · 기능 및 사회적응 교육을 실시함.

* 교육부 자료와 장애인 등에 대한 특수교육법(약칭:특수교육법)을 바탕으로 작성.

통합학급을 강하게 희망하는 경우

무슨 일이 있어도 아이가 통합학급에서 생활하기를 바라는 부모도 있습니다. 실제로는 통합학급 생활이 어렵다고 생각할 수 있지만, 그 마음을 제삼자가 바꾸기란 매우 어렵습니다. 따라서 "우선 통합학급에서 생활해보고, 만약 우려되는 일이 생기면 학교와 신속하게 연락을 취해서 아이를 지원하는 것이 좋겠습니다."라고 이야기합니다. **부모의 희망 사항을 고려하면서 동시에 아이를 지원하는 체제를 갖추어 나가는 것이지요.** "6개월 정도 아이의 학교생활을 지켜보고, 학습이나 환경을 다시 한번 생각해 보시죠."라고 제안할 때도 있습니다.

특수학급을 희망하는 경우

특수학급 생활이 낫다고 판단했다면 함께 고민하고, 아이가 **학교생활을 시작할 때부터 가정과 학급이 최대한 원만한 관계를 쌓아가도록 돕습니다.**

"그럼 담임선생님께 아이 특성을 얼른 알리는 편이 좋을 것 같은데요, 지금 계시는 선생님이 내년에도 계실까요?"

"내년에는 다른 학교로 가실지도 모르겠어요."

"그래도 사전에 알리는 편이 더 낫다고 생각합니다."

"그럼, 아이에 대한 정보를 전화나 편지로 알릴까요?"

이때 특수학급에 들어가기 위해 의학적 진단이 필요하다면 부모와 상의하고, 담임교사에게 아이의 **'진단명'을 어떻게 전달할지는 부모의 바람을 따릅니다.** 그리고 "일단 편의상, 이 장애명을 붙여두겠습니다.", "선생님이 아이가 이런 특성이 있다는 의학적 판단을 참고해 아이를 잘 이해해주시면 좋겠네요."라고 설명을 덧붙이기도 합니다.

특수학급을 원하지 않는 경우

특수학급 생활을 부정적으로 바라보는 부모도 있습니다. 부모가 특수학급을 받아들이지 못하는 이유는 먼저, 자신의 아이를 어떻게 대할지 모른다는 걱정 때문입니다. 또, 초등학교 입학 후에 성장하면서 증상이 좋아질 것이라고 기대하거나, 통합학급에서 다른 친구들과 함께 생활하는 편이 아이의 성장과 발달에 도움이 된다고 생각하기도 합니다.

어느 부모든 불확실한 기대와 불안 속에서 결정을 내리기란 쉽지 않을 것입니다. 그래서 저는 외래 진료를 받으러 오신 부모님에게 **"아이가 통합학급에 갔을 때와 특수학급에 갔을 때 각각의 장단점을 생각해 보시죠."**라고 이야기합니다.

먼저 통합학급의 장점은 반 친구들의 행동을 보고 배우며 생활할 수 있다는 점입니다. 만약 뒤에서 천천히 따라가는 유형의 아이라면, 다른 친구들의 도움을 받으며 성장할 수 있는 통합학급이 나을 수 있습니다. 한편, 단점은 아이 개인에게 맞춘 학습 지원이 부족하므로 학업을 따라가기 힘들 수 있다는 것입니다. 이 경우, 국어와 수학만 따로 특수학급에서 공부하는 것도 방법입니다. 만약 아이가 원하지 않으면 가정교사나 학원 등을 이용할 수도 있겠지요.

우선 부모님의 결정을 듣고, 그 후에도 **'그 아이가 천천히 커가는 가운데 가장 생활하기 편한 환경은 무엇인지'**를 함께 고민하고 생각합니다. 여기서 가장 힘이 되는 것은 바로 **학교 선생님의 일상적인 노력과 조언**입니다. 그래서 부모님, 학교 담임선생님과 함께 상담합니다. 이 같은 연계가 결과적으로 부모님의 안심으로 이어질 뿐만 아니라, 아이에게도 좋은 환경을 제공하는 길이라고 믿습니다.

아이가 어디서 생활하는 편이 행복할지는 예측할 수 없습니다. 부모님의 가치관도 있으므로 상황을 지켜보며 함께 상의해 나가는 것이 중요합니다.

장기적인 관점에서
'능력을 가장 잘 발휘할 수 있는 전략'을 마련하기

아이의 초등학교 입학을 결정할 때 '부모의 자기결정'은 매우 중요합니다. 다만 입학 후 좋은 담임교사를 만날 수 있을지 없을지는 알 수 없습니다. 또, 통합학급에서 생활했을 때 부모의 바람과 아이의 실제 생활에 차이가 생기면서 아이가 점점 학업을 따라가기 버거워하거나 또래 관계 형성을 힘들어할 수도 있습니다.

이때는 **부모와 아이, 학교 각각의 관점에서 상황을 파악하고, 도움이 되는 선택지를 모색합니다.** 학교마다 사정이 다르고 한계도 있을 것입니다. 그 **학교의 수용 가능 범위와 부모의 판단을 고려해** "이번에는 이런 방식으로 해 보면 어떨까요."라고 제안합니다. 그리고 중간중간 아이에게 "학교생활은 어떠니? 즐거워?", "힘들지 않아?"라고 질문을 던져 아이의 마음을 파악합니다. 이대로 두면 동기부여가 되지 않아 공부할 의욕을 잃어버릴 수 있다고 판단되면 "아이를 위한 개별 대응을 마련하고, 학습 내용을 이해하지 못하는 경험이 쌓이지 않도록 대책을 세워야 할 것 같습니다."라고 부모님과 학교 측에 이야기하고 계속 상담을 해나갑니다.

이렇게 6개월에서 1년 정도 생활하다 보면 부모의 마음에 변화가 일어나기도 합니다. 이 경우, 심리검사나 발달 검사를 실시해 의학적 근거를 바탕으로 다시 대화하기도 합니다. "통합학급뿐만이 아니라, 개별적인 지원을 받는 편이 좋을 것 같습니다."라는 식으로 **아이에게 가장 유익한 방식이라고 느껴지도록 이야기**하고자 합니다. **부모와 학교가 '아이가 능력을 가장 잘 발휘할 수 있는 전략을 함께 고민'하는 데 공감하고 협력할 수 있도록 시간을 들여 노력**해 나가는 것이 중요하기 때문입니다. 초등학교 6학년 시기까지 아이에게 필요한 환경을 알게 된다면 중학교를 선택할 때는 비교적 수월할 것입니다.

다음 페이지부터는 아이의 초등학교 입학과 관련된 사례 2가지를 살펴보겠습니다. 하나는 입학 전 학교 선택을 두고 고민하는 가족의 이야기, 나머지 하나는 입학 후 학교생활 때문에 고민하는 가족의 이야기입니다.

보통 취학기라고 하면, 만 5세 시기에 앞으로 다니게 될 초등학교 결정과 관련된 이야기를 떠올릴 것입니다. 여기서는 시행착오를 거듭하는 취학상담부터 학교 결정, 초등학교 입학 이후 아이의 모습, 그리고 아이의 학교생활까지 살펴본다는 관점에서 초등학교 입학 이후의 사례도 이 시기에 포함했습니다. 이들 사례에서는 '우리 아이에게 가장 바람직한 환경이 무엇인지'를 고민하는 부모의 절실함이 느껴집니다.

취학기 Case 8 　어느 학교에 가야 할지 고민인 태수(7세)

태수는 언어 발달이 다소 늦고, '이것을 하고 나서 저것을 한다'와 같이 예정대로 행동하는 것에 서투르다. 3세 때는 자폐 스펙트럼 장애 가능성이 있다는 말을 들었다. 확실한 진단을 받은 상태는 아니지만, 한 달에 한 번씩 꼬박꼬박 발달센터에 다니고 있다. 엄마는 어린이집 담당교사와 수시로 정보를 교환하며 정성껏 아이를 돌보고 있고, 아빠 역시 적극적으로 협력하고 있다.

어린이집 행사 등 평소와 다른 활동이 있으면 심한 불안을 느껴 참가하지 못할 때도 있다. 지난번에는 어린이집에서 하던 활동에서 다음 활동으로 넘어가자 갑자기 큰 소리로 울어댔다고 한다. 다행히 발달센터에 다니며 아이에게 '다음에 예정된 활동'을 이해하기 쉽게 전달하는 방법을 배웠고, 실제로 가정과 어린이집에서 그날 일과표를 만들어 아이와 함께 확인했다. 특히 처음 해보는 활동은 미리 사진을 보여주며 설명했다. 그러자 태수도 조금씩 안정된 생활을 할 수 있게 되었고, 구사하는 어휘도 이전보다 훨씬 늘어 지금은 대화하는 데 지장이 없을 정도다.

태수는 부쩍 성장했고, 반 친구와 같은 초등학교에 가면 좋겠다며 잔뜩 기대하고 있다. 부모도 가능하면 아이가 통합학급에 다니길 바라고 있다. 취학상담에서도 문제가 없다는 말을 들어 '통합학급을 희망'한다고 전달했다.

다만 담당 특수교사는 '초등학교라는 낯선 환경을 접하면 태수가 혼란을 느낄지도 모른다.', '처음에는 특수학급에서 생활하다 차츰 익숙해지면 통합학급으로 옮겨가는 방법도 있다.', '3학년 정도 되면 공부를 따라가기 힘들 수 있다.'고 말한다.

어린이집 선생님도 지금까지는 시간이 남는 교사가 개별적으로 돌봐주었지만, 초등학교에 가면 그렇게 되기는 힘들 것 같다며 걱정한다. 그러나 부모는 아무래도 '다른 아이들과 함께 생활'하기를 희망한다. 솔직히 태수의 형이 특수학급에 다니는 동생 때문에 놀림을 받지 않을까 걱정되기도 한다. 어느 선택지를 골라야 할지 고민이다.

· 키워드

언어 발달, 예정을 따르지 못함, 자폐 경향, 취학상담, 형제의 마음

해설 8 긍정적인 '미래 시나리오'를 그리는 힘

우리 어른들은 아이가 자라온 '지금까지의 과정'을 고려해, '현재 최선이라고 생각하는 대응'을 함으로써 아이가 안심을 느끼고 자신감을 키우기를 기대합니다. 앞으로 몇 년 후의 일을 그려 볼 수는 있습니다. 그러나 어디까지나 예상에 지나지 않습니다. 즉, 이상적인 시나리오와 최악의 시나리오 중 어느 쪽이 실현될지 알 수 없지요. 시나리오를 조금이라도 긍정적으로 그리기 위해서는 **조급해하지 말고 '현재'를 인정하고, '미래'를 믿고, 지금 할 수 있는 일을 꾸준히 해나가야** 합니다. 그 과정에서 **만약 무슨 일이 생겼다면 신속하게 관계자와 상담하고 사태 수습을 위해 노력**하는 것이 중요합니다. 여기서 **가장 도움이 되는 것은 바로 아이를 이해하려는 다른 사람의 존재**입니다.

태수는 어린이집을 다니며 다른 사람과 생활하는 법을 배웠습니다. **스스로 계획하고 행동하는 것은 서툴지만, 누군가 그것을 제공해**

주었을 때는 안심하고 생활할 수 있습니다. 어린이집 교사가 태수의 모습을 정확하게 파악하고 필요한 대응을 해준 덕분입니다. 태수는 자신감을 가지고 주변 사람들과 소통하며 언어가 발달했고, 같은 초등학교에 다니고 싶은 친구도 생겼습니다. 부모님과 취학상담 관계자도 태수가 통합학급에서 생활해도 큰 문제가 없다고 판단했습니다. 그러나 태수를 지금까지 돌보고 지원해온 어린이집 교사와 발달센터 담당자는 태수가 새로운 환경에 놓였을 때 혼란스러워하지 않을지 불안해합니다.

당사자의 의사를 중요시한다

통합학급이든 특수학급이든 태수가 낯선 환경을 접하면 처음에는 당연히 불안할 것이고, 불안의 정도는 비슷할 것입니다. 발달센터 담당자는 '아무래도 특수학급 선생님이 태수를 더 세심하게 챙겨줄 것이다'라는 전제로 조언한 것 같습니다.

그러나 제 경험상, **어느 학급이든 담임교사는 아이들의 모습을 잘 살피고 아이의 학교생활을 응원하는 힘을 가지고 있다고** 생각합니다. 다만 한가지 말씀드리고 싶은 것은, 교사는 학급 전체의 분위기나 학생 개개인의 모습을 고려해 그에 맞는 학급 조성을 목표로 한다는 점입니다.

특수학급

학생 수가 적으므로 교사가 학생 개개인을 이해하는 데 더 많은 시간을 쏟을 수 있다는 장점이 있습니다. 또래 관계나 서로 도움을 주고받는 관계를 형성하기에 앞서, 먼저 교사가 적절한 때에 세심하게 개입함으로써 교실이 안심하고 생활할 수 있는 장소임을 느끼게 합니다.

통합학급

아이들끼리 서로 도움을 주고받는 힘을 기를 수 있다는 장점이 있습니다. 교사는 서로 도움을 주고받는 분위기를 중시하며 개개인을 관찰할 뿐만 아니라, 다른 사람과의 관계를 어떻게 구축해 나가는지를 꾸준히 관찰합니다. 또한, 어느 한 명이 고립되지 않고 집단 속에 잘 스며들 수 있도록 적절하게 개입해 **학생 개개인의 능력을 집단 속에서 발휘할 수 있도록 지도**합니다.

각자의 능력도 물론 중요하지만, **아직 어른과의 관계를 중시해야 하는 단계에 있는 아이라면 특수학급이, 또래 관계 형성을 기대할 수 있는 단계의 아이라면 통합학급이 적절**하다고 생각합니다. 따라서 '처음에는 특수학급에서 생활하기 시작해 익숙해지면 통합학급으로 옮겨간다'는 의견도 이해됩니다.

그러나 이 두 형태의 학급은 서서히 이행 가능할 정도로 유연하고 연속적인 관계에 있는 경우는 흔치 않습니다. 또한, 초반에 익숙해진 학급 생활을 나중에 쉽게 바꿀 수 있는 아이도 있겠지만, 어느 학급이든 적응하기까지 상당한 시간을 필요로 하는 아이도 있습니다. 게다가 특수학급에서 지내며 학교생활에 적응했다고 해서 통합학급에서도 잘 지낼 수 있다고 확신하기도 어렵습니다. 오히려 어린이집에서 친하게 지내던 친구가 한 명이라도 옆에 있다면 마음이 훨씬 든든하지 않을까요?

통합학급에서는 3학년 정도가 되면 학업을 따라가기 힘들 수 있습니다. 경우에 따라서는 1학년 때부터 힘들어할 수도 있고, 5학년이 되어서 버거워할 수도 있습니다. 따라서 **아이의 상태를 항상 세심하게 관찰**해야 합니다.

부모님이 '다른 친구들과 함께' 생활하기를 바란다면, 또 태수가 다른 친구들과 함께 같은 학급에서 공부하기를 원한다면, 취학상담에서 통합학급 생활이 일단 문제 없을 것이라는 말을 들었다면, 통합학급에서 이루어질 **학습과 생활을 구체적으로 상상해 보고, 대처 방법을 세워보세요**. 이때 필요한 환경 조성 방법을 살펴볼까요?

앞서, 태수는 어린이집 생활을 힘들어했지만, 서서히 극복하면서 안정된 생활을 하게 되었고 말도 늘어 서로 대화가 가능해졌습니다. 이 같은 사실을 바탕으로, **새로운 학교환경과 통합학급의 생활 방법을 초반에 세심하게 제시한다면 태수가 순조롭게 학교생활을 시작할 수 있다**는 희망을 담아 '태수를 위한 초등학교 입학 대책(예)'을 작성했습니다. 시도한 방법이 잘 통하지 않을 때는 대처 방법 → 환경 조성 → 또래 관계 형성 방법 순으로 잘못 설정하거나 부족한 점은 없는지 확인해 봅니다.

· 자리
→ 담임교사와 가까운 가장 앞자리가 나을 것 같다.

· 옆자리 아이
→ 같은 어린이집을 졸업한 친한 친구가 옆자리에 앉으면 안심할 것 같다.

· 하루 일정
→ 태수의 눈에 띄기 쉬운 장소에 일과표를 게시해 둔다. 등교 직후나 태수가 불안한 모습을 보일 때는 담임교사가 일과표를 보여주며 설명해준다.

· 학습 지원
→ 어려운 과목은 학습을 보조해 주는 담당자*가 배치되는지 확인해 본다. 보조 인력이 있다면 통합학급도 가능할 것 같다.

· 쉬는 시간
→ 무엇을 하면 좋을지 담임교사에게 구체적으로 제안해 둔다. 태수가 불안해하면 담임교사가 다가가 말을 걸어 준다.

· 또래 관계 및 교류
→ 같은 관심사나 취미를 가진 친구와 이어준다.

· 점심시간(급식)
→ 준비물이나 배식 순서 등을 표로 만들어 두고 언제든지 확인할 수 있게 한다.

1년이라는 시간 동안 **좋은 상황뿐만 아니라 걱정되거나 마음처럼 되지 않는 상황도 직면**할 것입니다. 어느 학급에서 생활하더라도 표에서 제시한 것과 같은 방법을 꾸준히 시도하고, 부모나 담임교사 등 **관계자들은 학기가 끝날 때마다 그간의 아이 생활을 돌아보고 다음**

---

* 특수인력 보조인력, 특수교육실무사, 지도사 등. 1학급 당 1명까지 배치 가능하다.

1년을 어떻게 할 것인지를 함께 검토할 필요가 있습니다.

　만약 특수학급으로 옮기는 편이 낫다는 결론이 나온다면, 태수에게는 아직 어린이집에서 배우고 익힌 것을 실천하면서 어른들과의 관계를 통해 안심할 수 있는 환경이 중요하다는 사실을 깨달을 수 있겠지요. 그렇다면 상황에 맞게 새로운 계획을 세우면 됩니다.

아이의 상태나 상황에 따라 선택지는 변한다

　태수에게는 세심한 형이 있습니다. 등하교 시, 형은 태수에게 어떻게 대응하고 있는지, 태수와 형의 관계는 어떤지 살펴볼 필요가 있습니다. 형이 태수를 잘 챙겨주고 태수도 형의 보살핌 속에서 씩씩하게 등교하고 있을 수도 있습니다. 그러나 형이 평소 어쩔 수 없이 인내하고 있다면, 그 아이가 안고 있는 감정을 해소할 수 있도록 도와주어야 합니다.

　태수를 돌보기 위해서는 태수에 대한 배려뿐만 아니라, 부모나 형제, 주변 사람들에 대한 배려도 필요한 것입니다. '가장 좋은 선택지'를 고르기 위해 지나치게 애쓰기보다 다양한 각도에서 생각해 주세요. 주변 사람들의 협력과 이해를 구하면서 **'무난하게 수용 가능한 선택지'**를 골라 나간다고 생각하시면 좋겠습니다. 동시에 그 선택지는 태수의 상태나 가정 및 학급, 학교의 상황에 따라 **'항상 수정'**이 필요하다는 점을 염두에 두시길 바랍니다.

☆ 태수의 마음과 행동에 다가가기 위한 힌트

태수는 일과나 순서를 미리 인지하게 됨으로써 어린이집 단체생활을 무난하게 소화할 만큼 성장했습니다. 불안해하거나 긴장한 모습을 보이는 횟수도 줄었습니다. 그런데 이것이 가능했던 이유는 어린이집이라는 익숙한 환경과 담임교사나 친구 등, 주변 사람들의 배려와 지원이 있었기 때문입니다. 초등학교 입학 후에도 지금까지 시도해 온 방법들을 계속해서 실행해, 어린이집에서 초등학교 생활로 이행하는 과정에 큰 어려움이 없기를 바랍니다. 더불어 학교 수업 시간과 쉬는 시간을 어떻게 보낼지도 대책을 세울 필요가 있습니다.

다만, 지금은 통합학급과 특수학급 중에서 '아이에게 더 나은 환경'이 어느 쪽인지를 부모가 판단해야 합니다. 결과가 아니라, 선택에 이르는 과정에서 지금까지의 태수의 성장을 돌아볼 수 있을 것입니다.

지금까지 애쓰셨습니다. 다음에는 초등학교 입학 후에 진찰실에서 뵙겠습니다.

취학기 Case 9 수업 시간에 가만히 앉아 있지 못하는 진호
(7세 · 초등학교 1학년)

진호는 4세 때 주의력결핍 과잉행동 장애(ADHD) 진단을 받았다. 어린이집에서는 좀처럼 가만히 앉아 있지 못하고 몸을 배배 꼬거나 친구를 툭툭 건드리기 일쑤였다. 담임교사는 그런 진호를 이해하기 위해 ADHD를 공부하기 시작했다. 게다가 진호가 다니는 발달센터와의 연계 등을 통해 어린이집 활동을 시작하기 전에 몸을 충분히 움직이는 시간을 마련하거나, 집중을 흐트러뜨리는 물건이 눈에 띄지 않도록 환경을 조성하는 등 다양한 방법을 시도했다. 다행히 그 덕분에 어린이집을 졸업할 무렵, 진호는 훨씬 안정된 생활을 할 수 있게 되었다.

그래도 부모는 초등학교에서 다른 친구들과 함께 수업을 받기에는 어려움이 있다고 생각해, 특수학급에 들어가는 편이 낫다고 판단했다. 그러나 취학상담에서는 진호가 학습 면의 지원은 필요 없어 보이고, 어린이집 생활에도 큰 어려움이 없는 것 같으니 통합학급에 다녀도 괜찮을 것이라고 말했다. 오히려 단체생활을 하는 편이 아이 발달에 도움이 될 것이라는 이야기도 덧붙였다. 결국, 통합학급에서 학적을 두고 일주일에 한 번씩 특수학급을 이용하기로 했다.

그러나 입학 후 진호는 새로운 생활에 좀처럼 적응하지 못했다. 수업 시간에도 수시로 교실을 돌아다녔고 친구들과 충돌하는 일도 많았다. 어느 날, 담임교사는 진호 엄마에게 매일 아이와 동행해달라고 요청했다. 진호가 학교에 있는 동안 시간제 아르바이트를 하던 엄마는 어쩔 수 없이 일을 그만두고 아이를 따라다니기 시작했다. 역시 통합학급은 아직 무리였다고 후회가 밀려오고 속상하기 그지없다. 그런데 담임교사는 그런 부모의 마음을 아는지 모르는지, 상처에 소금을 뿌린다. "어머님, 예전에도 제가 진호 같은 아이의 담임을 맡은 적이 있었는데, 그 아이는 약을 처방받고부터

훨씬 차분해지더라고요. 진호도 약을 먹어보는 게 어떨까요?"

진호 부모는 약물치료에 다소 거부감을 느껴 병원에서도 약을 먹지 않는 방향으로 쭉 치료를 해왔기 때문에 담임교사의 말에 적잖은 충격을 받았고, 담임교사를 믿지 못하게 되었다. 진호도 학교생활이 즐겁지 않은 모양이고, 매일 아이를 따라다니는 것도 지친다…. 학교에 2학기부터라도 특수학급으로 옮길 수 있는지 문의해보았지만, 한 학년을 마치기 전에는 이동이 어렵다는 답변만 돌아왔다. 아이가 2학년이 될 때까지 이 생활을 계속할 수 있을까? 눈앞이 깜깜하다.

·키워드

주의력결핍 과잉행동 장애, 취학상담, 부모 동행, 약물치료, 학급 변경 희망

해설 9   어느 부모든 늘 불안하고, 고민하고, 흔들린다

Case 8에서도 언급했듯이 부모는 아이의 **초등학교 입학을 두고 고민에 고민을 거듭하고, 마지막 순간까지 망설이다 결정을 내립니다.** 통합학급과 특수학급 중 어느 쪽을 선택하든 입학 후에 현명한 선택을 내렸다고 생각하는 부모는 흔치 않습니다. 때로는 안도하기도 하고, 후회하기도 하고, 자책하기도 합니다. 교육환경에 분통을 터뜨릴 때도 있겠지요. 부모 스스로 '현명한 선택'이라는 확신을 갖지 못하고, 늘 불안한 마음으로 결정을 내렸기 때문이 아닐까 짐작해봅니다.

그 같은 판단으로 한동안 안정적인 생활을 하게 된다면 안도하

고 학교와도 적극적으로 협력하려고 합니다. 그러나 때때로 **그 판단을 비난받거나 부정당하는 듯한 상황을 만나면 부모는 자책과 후회를 넘어 학교를 불신하게 될 수** 있습니다. 안타깝지만 어찌 보면 당연한 마음이라고 생각합니다.

진호는 그야말로 전형적인 상황에 놓여 있습니다. 먼저, 부모님의 첫 번째 망설임을 살펴보겠습니다. 진호 부모님은 아이를 '세심하게 배려해준 어린이집 생활'에 도움을 받았다고 느낀 경험이 있습니다. 앞으로도 그런 지원을 받을 수 있는 학급이 바람직하다고 생각한 것 같습니다. 그런데 취학상담에서는 어린이집에서 지금까지 했던 피나는 노력을 헤아리기보다, 태수의 지적 능력과 어린이집 생활의 모습 일부만을 보고 '통합학급에서 생활해도 괜찮을 것'이라고 판단했습니다. 물론 이것은 태수의 능력, 좋은 면을 인정받았다는 의미입니다. 이렇게 되면 대개 부모는 그 결정에 복잡한 생각을 하면서도 안도감을 느낄 것입니다. 우리 아이의 가능성을 보여주었다고 고마워하겠지요. 단체생활에 큰 어려움과 고민을 안고 있던 진호 부모님 역시, '오히려 단체생활하는 편이 진호 발달에 도움이 될 수 있다'는 말에 큰 용기를 얻었을지도 모릅니다.

그러나 입학 후 진호의 모습은 부모님의 기쁨과 기대를 사라지게 했고, 크나큰 절망과 후회를 가져왔습니다. 그런데 어떤 의미에서는 이 또한 '위기를 기회로 만들 수 있는 절호의 상황'이 될 수 있습니다.

기존에 효과가 있었던 대처 방법에서 배운다

앞서 Case 8에서 언급했듯이, 통합학급과 특수학급 선택을 두고 고민할 때는 아이 개개인의 능력도 중요하지만 더 고려해야 할 사항이 있습니다. **아직 주변 어른들과의 관계를 중시할 필요가 있는 아이라면 특수학급이, 또래 관계 형성을 기대할 수 있는 단계의 아이라면 통합학급이 적절**하다고 생각합니다.

부모님이 불안해진 이유는 진호가 어린이집과 가정에서 안정된 생활을 할 수 있게 된 배경에 진호 혼자만의 힘이 아니라, **주변 어른들의 적극적인 지원과 배려 덕분임을 실감**했기 때문이 아닐까요. 그래서 '어른들과의 관계를 중시하는 특수학급으로 옮기는 편이 진호에게 좋은 환경을 제공하는 것이 아닐까.'하고 마음이 흔들리는 것입니다.

당연한 일입니다만 마음대로 일이 풀리진 않습니다. 통합학급 생활을 경험했고 고민 끝에 특수학급으로 옮기길 희망하지만, 학년을 마치기 전에는 옮길 수 없는 상황이니까요. 그렇다면 **현재 가능한 대책을 세워야** 합니다. 바로 '위기를 기회로' 삼아봅시다.

첫 번째 대책은 **어린이집에서 했던 피나는 노력을 초등학교 담임교사에게 부탁**하는 것입니다. 진호가 지금보다 더 어리고, 단체생활을 훨씬 힘들어했던 시기에 어린이집 담임교사는 진호를 가까이서 돌보아주면서 진호가 안정된 생활을 하게 하는 데 성공했습니다. 그 시기에 어린이집 담임교사가 쌓은 '대처 방법'을 초등학교 담임교사에게도 기대해 보는 것이지요.

진호와 오랜 시간을 함께 생활한 어린이집 담임교사라면, 진호가 수업 시간에 앉아 있지 못하고 친구들과 자주 충돌하는 이유를 짐작할 수 있을 것입니다. 어린이집 담임교사에게 **당시의 대처 방법을 초등학교 담임교사에게 공유**해 주도록 부탁한다면, 해결의 실마리가 보일 수 있습니다. 어린이집 담임교사가 직접 초등학교를 방문해 당시 진호에게 구체적으로 어떤 말들을 해주었는지, **대처 방법과 비결을 전수해** 준다면 더욱 좋겠지요.

가장 이상적인 형태는 보조교사와 교감도 동석해 함께 이야기를 나누는 것입니다. 이렇게 하면 해결 방법을 조금이라도 더 쉽게 발견할 수 있을 것입니다.

진호는 검사 결과 학습 면에서는 보조가 필요하지 않아 보인다는 평가를 받았습니다. 그러나 주의가 산만하고 가만히 앉아 있지 못하며, 호기심이 왕성한 면도 있습니다. 따라서 '**노력**'이나 '**부모의 동행**', '**훈계 및 지도**'로 해결할 수 있는 문제는 아닙니다. 오히려 어린이집에서 취했던 방법을 활용해 **진호에게 자극을 최대한 덜 주는 환경을 마련**한다면, 진호는 지금보다 더 차분한 상태로 수업에 참여할 수 있을 것입니다.

어린이집에서 진호에게 시도했던 대처 방법의 예

활동 시작 전에 몸을 충분히 움직이는 시간을 마련한다.

집중을 방해하는 요소가 눈에 들어오지 않는 환경을 조성한다.

급식시간이나 만들기 활동 등, 집중해야 할 때는 책상이 벽을 향하게 두고 주변 자극을 차단한다.

그림이나 사진 등 시각 자료를 활용해 설명한다 (귀로 들어오는 정보만으로는 주의를 집중하기 힘들다).

차분하게 있는 데 성공했다면 재빨리 머리 위로 큰 동그라미를 그려 칭찬해준다. 좋은 행동을 하면 인정과 칭찬을 받는다는 사실을 느끼게 한다.

특수학급, 가정, 관계기관의 연계

진호의 수월한 학교생활을 위해 몇 가지 알아두어야 할 점이 있습니다. 진호와 그 가족을 둘러싼 다양한 상황을 살펴보며 하나씩 설명하겠습니다.

① 진호가 주 1회 공부하는 특수학급에서의 모습을 확인한다

특수학급에서 어떻게 생활하는지 살펴볼 필요가 있습니다. 만약 진호가 즐겁게 생활하고 있다면 그곳에서 실시하는 방법이나 대처에서 힌트를 얻을 수 있습니다. 반대로, 즐겁게 지내지 못한다면 통합학급에서 겪는 것과 비슷한 어려움이 있다는 뜻입니다. 이 경우에는 특수학급 교사가 어린이집 담임교사와 이야기를 나누어 볼 수 있도록 제안해 봅시다.

② 엄마가 매일 동행하는 것을 멈춘다

엄마가 매일 동행하면, 아이가 모처럼 바깥 세계를 경험할 수 있는 시간이 집에 있는 시간과 다름없어집니다. 학교 내에서 일어나는 일은 학교에서 대책을 세워야 합니다.

③ 교사의 약 복용 권유. 선의에서 비롯되었다고 해도 각별한 주의가 필요하다

교사가 먼저 부모에게 "한번 주치의 선생님과 대처 방법을 상담해도 될까요?"라고 병원 연계의 필요성을 알린 후 승낙을 구하는 편이 바람직합니다. 그런 뒤에 주치의에게 진호에게 효과가 있을 만한 약은 없는지 물어보아야 합니다.

담임교사가 '다른 아이는 약을 먹고 효과가 있었다'는 말을 했을 때, 진호 부모님은 약이 필요할 정도로 상태가 나쁘다고 받아들여 충격을 받았을 수 있습니다. 혹은 의사와의 상담을 통해 약을 먹지 않기로 했는데 교사가 약 이야기를 꺼내면 의사의 소견에 불안을 느낄 수도 있고, 교사와 의사 모두를 믿지 못하게 될지도 모릅니다. **진호를 중심에 두고, 가정과 의료, 학교가 하나의 팀이 되어 '협동 · 연계'** 할 필요가 있습니다. 이 팀이 깨지지 않도록 해야 합니다.

학급 생활이 마음처럼 되지 않는 진호에게 무엇을 해주면 좋았을지, 처음 생각대로 특수학급으로 보내는 편이 나았을지…. 부모님은 진호에게 미안함해서 힘겹습니다. 자칫 불신을 주거나 대립을 초래할 수 있는 행동은 주의해야겠지요. 또한, 아이를 둘러싼 **관계자들은 각자의 전문성을 살려 솔직하게 의견을 나눌** 필요가 있습니다.

모두가 아이를 위한 환경 조성을 고민해야 한다

초등학교 입학 시기를 앞두고, 진호의 기본적인 능력은 문제가 없다고 평가되었고 주변 관계자들은 진호에게 큰 기대를 걸었습니다. 입학 후에는 진호를 세심하게 배려한 환경을 마련할 필요성도 느꼈습니다. 그러자 학교 측은 어른의 힘, 부모의 감시로 진호를 억제하겠다는 판단을 했고, 부모에게 매일 동행할 것을 요구했습니다.

그러나 정말 필요한 것은 어린이집에서 실시했던 진호에게 맞는 **'다양한 고민에서 나온 대처'**였습니다. 수업 시작 전에 몸을 충분히 움직이는 시간 마련하기, 집중을 흐트러뜨리는 요소가 없는 환경 조성 등이었지요. 다소 수준 높은 대응을 검토한다 해도, 그런 환경을 통합학급에서 구축할 수 있는지, 통합학급과 특수학급 어느 쪽에서 제공하는 편이 나을지 등, **학교와 부모가 대등한 위치에서 각각의 장단점을 터놓고 대화**할 필요가 있습니다.

그 결과, 만약 통합학급보다 특수학급이 진호에게 더 적합하다고 판단했다면 2학기부터는 교장의 재량으로 통합학급에 학적을 두면서 특수학급에서 생활할 수 없는지, 가족이나 주치의 쪽에서 제안하는 방법도 검토해보면 좋겠습니다.

학교는 아이들을 위한 배움터입니다. 그렇기에 다양한 방법을 고민하고 시도해 줄 것이라고 믿습니다. 만약 제가 이 같은 상담을 요청받았다면, 필요한 정보를 정리한 뒤 병원 직원에게 학급을 견학하도록 할 것입니다. 예전에는 저도 자주 학급을 방문했습니다. 그리고 학교 관계자와 부모님에게 병원을 방문하시도록 제안해, 함께 해결책을 검토할 것입니다.

이러한 상황에서 **의사는 학교 관계자나 부모에게 지시하는 듯한 태도를 보이지 않도록 주의**해야 합니다. 실제 진호의 상황을 가장 모르는 사람은 다름 아닌 의사입니다. 피나는 노력으로 얻어낸 생활

속 대처 방법도 모를뿐더러, 그것을 시도할 수도 없지요. 저희가 할 수 있는 일은 그저 학교와 부모님으로부터 충분한 정보를 듣고, 그 것을 바탕으로 대책 마련을 돕는 것입니다. 의사의 역할은 **학교의 생각을 존중하고, 부모를 위로하는 동시에 양쪽이 서로 충돌하지 않도록 중간에서 타협점을 제안**하는 것이라도 생각합니다.

> ✩ 진호의 마음과 행동에 다가가기 위한 힌트
>
> 진호는 지적 능력 발달에 지연은 없지만, 새로운 환경을 만나면 불안을 느끼고 그곳에 익숙해지기까지 시간이 걸리는 아이입니다. 그 불안함이 산만한 모습이나 예측하기 힘든 행동으로 나타나는 것입니다.
>
> 하지만 너무 걱정할 필요는 없습니다. 이미 진호가 어린이집을 다닐 때 대처 방법을 찾았기 때문이지요. 그것을 초등학교 버전으로 바꾸면 되는 것입니다. 지금까지는 어린이집 담임교사의 노력과 능력 덕분이었다면, 앞으로는 초등학교 담임교사의 실력에 달려 있다고 할 수 있습니다. 어린이집에서 어렵게 터득한 노하우를 살리고, 아이가 서게 될 다음 무대인 초등학교 생활환경을 재구축하며 진호를 대하는 방법을 계속해서 모색해 나가시면 좋겠습니다. 그렇게 결심하기 전에 다시 한번 상담을 받아보시기를 바랍니다.

초등학교 생활의 3단계

드디어 6년간의 초등학교 생활이 시작되었습니다. 초등학교 시기는 크게 세 단계로 나누어 볼 수 있습니다. 먼저, 담임교사를 잘 따르며 생기 있게 생활하는 1~2학년, 그리고 학생들의 생각이 자라는 3~4학년, 마지막으로 어느 정도 책임감과 자부심을 지니고 생활하는 5~6학년입니다.

1학년 시기의 걱정거리

초등학교 생활이 시작되면 많은 부모가 아이가 수업을 따라갈 수 있을지, 교실에서 느닷없이 뛰쳐나가지는 않을지, 친구와 다투지 않을지 등을 고민합니다. 1학년 공부 수준은 그다지 어렵지 않으므로 학습 때문에 고민하는 경우는 드뭅니다. 그보다 아이의 **행동이나 또래 관계, 선생님과 아이의 성향**이 잘 맞을지 걱정합니다.

학교생활이 수월하지 못하면 아침에 학교 가기를 싫어하거나, 복통이나 구토와 같은 신체적 증상이 나타나기도 합니다. 이때는 **부모와 교사의 관계가 중요**해집니다. 다만, 어린이집이나 유치원 교사와는 비교적 수시로 연락을 주고받아 아이의 상태를 파악하기 쉬웠지만, 학교 교사와는 다소 거리감을 느낀다는 부모가 많은 것 같습니다.

학년 초에 탄탄한 지원 체제 만들기

만약 의료기관과 연계되어 있다면, 연초에 의사와 교사, 부모가 얼굴을 마주하고 이야기를 나누는 것도 방법입니다. 저는 진찰 중인 아이가 1학년이 되면, 필요하다고 판단한 경우 "제가 학교 선생님께 편지를 써두겠습니다."라고 말합니다. 그리고 부모님과 학교 교사가 함께 진찰실을 방문하시도록 요청해, 아이에 관한 정보를 공유하기도 합니다.

그 자리에서 예를 들어, 아이가 좋고 싫음의 경계가 분명해서 반 활동에 잘 참여하지 않는다거나, 자신이 원하는 대로 하려는 성격 때문에 담임교사의 말을 잘 따르지 않는 상황이라면, 부모에게 대처 방법을 들을 수 있습니다. 또, 아이가 준비물을 까먹거나 물건을 자주 잃어버린다면 "선생님과 부모님이 수시로 연락을 주고받아서, 아이가 물건을 잘 챙길 수 있도록 하면 어떨까요."라고 제안합니다.

친구 간에 일어난 문제에 관해서는 담임교사에게 그 아이와 멀리 떨어져 않게 하거나, 모둠 활동 시, 서로 다른 모둠으로 배치하는 등, 되도록 부딪치지 않도록 요청할 때도 있습니다. 더불어 혹시라도 등하굣길에 괴롭힘을 당하는 일이 없도록 "어머님, 아이의 등하굣길을 한번 봐 주시겠어요?"라고 제안하기도 합니다. 이러한 정보 공유를 통해 '가정과 학교가 서로 정보를 주고받는 것이 상당히 도움된다.'고 느끼시길 바라는 마음입니다.

한편, 그럼에도 대응에 어려움이 있고 그때그때 정보를 교환할 필요가 있거나, 교사와 부모 모두 강한 불안이나 긴장을 느낀다면, 담임교사에게 "무슨 일이 있으면 바로 병원에 연락을 주십시오."라고 이야기해 둡니다. 그리고 부모님에게도 앞으로 제가 담임교사에게 직접 연락을 받아도 괜찮은지, 어머니를 통해 만나는 편이 나은지, 의사를 확인합니다. 이렇게 해서 **지원 체제를 확실히 만들어 둡니다.**

사실, 제 경험상 이 같은 체제를 활용하는 경우는 그다지 많지 않습니다. 그러나 아이를 함께 지원해 나가자는 공통인식을 한번 확인해 두면, 부모는 **'학교 측에서도 아이를 이해하려고 하고 있고, 무슨 일이 생기면 함께 상의하면 된다'**는 생각에 안심할 수 있습니다. 담임교사도 **다른 교사나 보호자들에게 '의사로부터 이러한 요청이 있어서 이 아이에게는 이렇게 배려하고 있다'라고 설명하기 수월**해집니다. 초등학교 1학년 초반은 물론, 학년이 바뀌어 새로운 담임교사를 만나는 시기에 이 같은 기회를 만들어 두면 학급 생활을 훨씬 수월하게 시작할 수 있을 것입니다.

단체생활을 힘들어하는 아이

2~3학년이 되면 또래 관계 형성이 활발해집니다. 그런데 이 시기에 친구에게 **자기 의사를 표현하는 방법이나 쉬는 시간을 보내는 방법 때문에 힘들어하는** 아이도 있습니다. 3~4학년 무렵부터는 **인간관계로 인한 어려움**이 뚜렷해집니다.

특히 여자아이들은 자연스럽게 서로 손을 잡고 화장실에 가는 모습을 자주 볼 수 있는데, 이러한 상황 역시 발달이 느린 아이들에게는 난관으로 작용할 수 있습니다. 사실 여자아이들도 이 같은 행동이 일반적이지 않다는 사실은 알고 있습니다. 그러나 이 시기의 여자아이들 사이에서는 말하자면 사교성 있는 행동이라고 여겨지는 모양입니다. 물론 이런 행동을 싫어하거나 거부하는 아이도 많습니다. 다만 그 상황에 잘 스며들지 못하거나 '어울린다'는 의미를 이해하지 못하거나, 혹은 알고 있지만 싫어한다면 **여자 친구들 사이에서 고립될 가능성**이 있습니다.

한편 쉬는 시간에 친구들과 시간을 보내는 것이 고통스럽거나 **시끄러운 것을 힘들어하는 아이**는 쉬는 시간 동안 도서관이나 교무실 등 조용한 곳으로 피해 있거나, 보건실에 틀어박혀 있기도 합니다. 이렇게라도 아이들이 안심감을 느낄 수 있는 장소가 있다면 다행이지만, 쉬는 시간마다 도서관이나 보건실을 이용하기 어려운 경우도 있습니다. 아이들이 편안하게 있을 곳이 없어지는 것입니다.

또한, 최근에는 **감정을 잘 조절하지 못하고 감정을 폭발시키는** 아이도 늘고 있습니다. 물건이나 친구들에게 화풀이하는 모습을 보여

교사에게 저지당하기도 하고, 학교의 연락을 받은 부모가 아이를 데리러 올 때도 있습니다. 이런 일이 자주 되풀이되면 부모는 지치고 힘들어집니다. 설상가상으로 집단에 녹아들지 못한 아이들을 따돌리거나 놀리는 일이 일어나면, 아이의 학교생활은 더욱 괴로워질 수밖에 없습니다.

SNS, 게임의 적절한 이용

여기서 주의해야 할 것은 SNS나 게임에 지나치게 의존하고 몰두하는 경우입니다. **의사소통이 어려운 '현실 세계'에서 벗어나 '가상 세계'로 가면 어느 정도 안심하게 되므로** 이 때문에 밤낮을 가리지 않고 SNS나 게임에 몰두하게 되고, 결국 생활 리듬이 완전히 깨지는 사례도 있습니다.

아이 본인은 가상 세계가 필요하고 그것을 현실 세계와 동일시함으로써 안심감을 느낄 수 있습니다. 그러나 가상 세계에서 안심감을 느끼면 느낄수록 현실 세계와는 점점 멀어지고 맙니다. 그렇다고 그들이 느끼는 현실 세계를 빼앗을 수도 없는 노릇입니다. 아이들이 마음을 기댈 곳이 사라질 수 있기 때문이지요. 그러므로 **이용 시간이나 규칙을 확실하게 정해두어** 진짜 현실 세계와 아이들이 느끼는 현실 세계의 균형을 찾는 것이 중요합니다. 그리고 **진짜 현실 세계에서 이야기를 주고받을 수 있는 대상을 계속해서 찾아야** 합니다. 의료기관이나 발달센터 등을 활용하는 것도 방법입니다.

학습이나 운동 면에서 염려되는 아이

학교는 성적으로 평가받기 쉬운 곳입니다. 학년이 올라갈수록 공부가 어려워지면서 수업을 따라가지 못하는 아이도 생기지요. 그렇게 되면 주변의 평가나 자기긍정감이 낮아지면서 학습 의욕이 점점 떨어지기도 합니다. 결국 학습부진으로 이어지는 악순환이 초래됩니다.

발달 지연으로 인한 학습의 어려움은 계속해서 반복적으로 가르친다고 해결되지 않는 경우가 많습니다. 또한, 그런 아이들은 잘하는 것과 서툰 것이 분명한 경향이 있습니다. 따라서 아이가 서툰 것을 극복하도록 하기보다, **잘하는 것을 더 잘할 수 있게 도와주는** 것이 중요합니다.

수업을 유독 따라가기 힘들어하는 아이라면 무언가를 해냈다는 성취감보다 열등감을 크게 느끼기 마련입니다. **그 아이에게 맞는 방법으로, 잘하는 것부터 자신감을 가질 수 있도록 해주어야** 합니다. 그리고 현재 학적을 두고 있는 학급에서 지원이 충분하지 않다면, '취학기'에서 언급했듯이, **아이에게 필요한 학습 지원이나 환경을 부모와 학교, 때에 따라서는 의사도 함께 다시 검토할 필요**가 있습니다.

한편, 운동을 힘들어하는 아이도 있습니다. 유치원 시절에는 그렇게까지 신경 쓰이지 않았지만, 초등학교 입학 후 체육 수업에서 심하게 콤플렉스를 느끼거나 친구들의 놀림으로 창피를 당해 운동을 싫어하게 되는 사례도 있습니다. 또, 서투름 때문에 옷 갈아입는데 시간이 걸리거나, 식사 시간에 음식을 흘리거나, 연필을 잘 쥐지 못하는 등, 생활이나 학습 면에서 어려움을 겪는 일로 이어지기도 합니다.

그러한 경우는 '감각통합치료'를 제안하기도 합니다. 감각통합치료는 어느 감각에 문제가 있는지를 파악하고 아이의 서툰 부분을 개선해 나가는 치료로, 발달센터에서 등에서 이용할 수 있습니다.

아이의 의사를 존중한다

지금까지 또래 관계 문제나 행동 면에서의 문제, 학습이나 운동 면에서의 서투름 등, 다양한 모습을 살펴보았습니다. 저는 어느 아이든 **학령기에 '자신이 잘 하는 일'과 '자신이 좋아하는 일'을 깨닫는 것이 중요**하다고 생각합니다.

자신이 잘 하는 한 가지 일에 자부심을 느끼거나, 좋아하는 일을 인정받는 것만으로도 아이의 가능성과 희망은 커집니다. **한 번쯤은 자신이 하고 싶은 일에 도전**해 보는 것도 좋지 않을까요. 어른이 지레짐작으로 이 아이에게는 맞지 않거나 어렵다고 생각한 일이라도, 실제로는 그렇지 않을 때도 있습니다.

영유아기에는 **부모가 '아이의 행동을 이해하는 방법과 아이를 위한 환경 마련' 때문에 고민**합니다. 그러나 학령기 도중부터는 조금씩 변화가 일어납니다. **'우리 아이는 앞으로 어떻게 살아가게 될까'라는 고민으로 바뀌지요.** 사춘기에 들어설 아이가 어떻게 하면 **'독립심'**을 기를 수 있을지를 놓고 고심하게 됩니다. 지금까지는 부모가 힘을 내야 하는 시기였다면, 이제는 부모가 얼마나 **아이의 의사를 존중하면서 아이의 노력을 옆에서 응원해줄 수 있는지, 즉 부모의 인내력이 필요한** 때라고 생각합니다.

이어서 학령기의 사례 3가지를 소개합니다. 학교생활에서 일어나는 문제와 마주하는 가운데 부모와 아이의 모습에 생기는 변화를 함께 살펴봅시다.

학령기 Case 10 수 계산이 힘든 민준이(9세·초등학교 3학년)

민준이는 계산이 서툴다. 아무리 간단한 계산도 손가락을 접었다 피며 세어보지 않으면 답을 내기 어렵다. 특히 1학년 2학기, 받아올림이 있는 덧셈을 배우기 시작했을 무렵부터 이해하기 힘들어하는 모습을 보였고, 숙제를 하나 마치는 데도 시간이 꽤 걸렸다. 어떨 때는 도저히 안 되겠는지 울음을 터뜨리는 날도 있다. 엄마가 계산법을 수도 없이 가르쳐주었지만, 같은 계산 실수를 되풀이하는 민준이. 그런 민준이를 보면 엄마는 매일매일 짜증이 올라온다.

그러다 2학년이 되었고, 곱셈과 구구단을 비롯해 양이나 길이를 나타내는 단위가 등장하자 민준이는 더욱 혼란의 소용돌이에 빠졌다. 학교 시험지를 거의 백지로 제출할 때도 있었다. 엄마는 민준이가 수의 개념 자체를 이해하지 못하고 있다는 생각이 들었다. 돌이켜 생각해 보면, 아이가 6살 때 "민준아, 컵을 두 개 가져올래?"라고 말해도 '두 개'라는 개념을 모르겠다는 반응을 보인 적이 있었다. 개별 면담 때 교사에게 이 이야기를 하자, 교사는 "저도 그 부분이 걱정됐습니다. 한번 검사를 받아보시면 어떨까요?"라며 전문기관을 소개해 주었고, 검사 결과 민준이는 '학습장애(Learning Disabilities; LD)' 진단을 받았다.

3학년부터는 개별적인 학습 지원을 받기 위해 특수학급으로 반을 옮겼다. 특수학급에서는 우선 사물과 수의 일대일 대응 같은 기본적인 개념부터 시작해, 민준이의 속도에 맞춰 천천히 지도해주고 있다. 덕분에 민준이는 스스로 계산문제를 풀려는 의욕을 보이기 시작했고, 학교가 즐거워졌다며 환하게 미소를 지어 보인다. 분명 지금까지 남들은 다 잘 하는데 자신만 못 한다는 생각에 한없이 작아졌을 아이. 그런 아이의 마음도 모르고 짜증만 부린 엄마는 미안함에 가슴이 아프다.

현재 엄마의 고민은 남편이 특수학급 이용을 반대한다는 사실이다. 지방에서 근무 중인 민준이의 아빠는 "특수학급? 수업을 잘 못 따라가면 학원에 보내면 되지, 뭐하러 애를 특수학급에 보내?!"라고 말한다. 가끔 집에 돌아오면 자신이 직접 공부를 가르치겠다며 아이를 붙잡고 앉아 씨름하지만, 얼마 못 가 "이렇게 쉬운 문제도 못 풀어?!", "벌써 몇 번이나 가르쳐줬잖아!"라며 아이를 다그친다. 어떻게 하면 민준이가 특수학급 생활을 하도록 아빠를 설득할 수 있을까?

· 키워드

산수를 어려워함, 학습장애, 특수학급, 아빠의 엄격한 지도, 주말부부 · 기러기 아빠

해설 10 │ 기초가 되는 4가지 힘 키우기

유독 산수를 어려워하는 '산수장애'는 '읽기 · 쓰기'와 마찬가지로 학습장애에 속합니다. 그러나 실은 **'산수'만 이해하지 못하는 경우는 비교적 드물며, 대부분 '읽기'와 쓰기'도 힘들어합니다.** 먼저 일반적인 학습 단계를 살펴볼까요? 우리는 **'읽기'와 '쓰기'를 익히기 전에 '듣기'와 '말하기' 능력을 먼저 획득**합니다. 이 '듣기'와 '말하기'는 상대방의 말을 듣고 자기 생각을 말하는 '상호작용' 속에서 싹이 트고 자랍니다. 즉, 일부러 배우려 하지 않아도 일상생활에서 자연스럽게 터득하는 것입니다. '읽기'와 '쓰기', '산수'는 그 후에 획득하게 됩니다. 생활 속에서 하나하나 설명을 듣고 수없이 시도하고 기억하려고 애쓰는 과정에서 후천적으로 익히는 것이지요.

그럼 '읽기'와 '쓰기' 능력 획득에 어려움을 느끼는 아이들은 어떤 양상을 보이는지 살펴보겠습니다.

'읽기'를 어려워하는 경우

글자를 읽기 위해서는 먼저 소리로 들은 것과 일치한 글자를 글자로서 인식해야 합니다. 그리고 이것을 소리로 치환해 발성합니다. 예를 들어 한 글자 한 글자를 띄엄띄엄 소리로 치환하는 아이는 '읽기' 능력이 지연되거나 틀리게 읽는 것에서 그치지 않습니다. 소리로 치환하는 과정까지는 집중하지만, 하나의 단어로서 제대로 말하기는 어려워할 가능성도 있습니다.

즉, 복숭아를 '복 · 숭 · 아'라고 한 글자씩 읽을 수는 있지만, '복숭아'라는 하나의 단어로 이해하지 못할 수 있습니다. 그러면 **하나의 단어**

'읽기'에 어려움을 보이는 경우

복…숭…아…
동…그…란…, 복…숭…아….

로서 의미를 파악하기 어렵고, 그 결과 소리로 치환해 발성하는 것에만 애쓰게 되어 문장을 읽어도 이해하기는 어려워집니다. 이처럼 '읽기를 어려워하는' 아이는 **인식 · 치환 · 발성 · 의미 이해 중 한 가지, 혹은 여러 개에 복합적으로 어려움을 보이게 됩니다.**

'쓰기'를 어려워하는 경우

글자를 쓸 때는 먼저 그 **글자의 형태를 인식한 다음, 형태를 이루는 부분을 구성하고 기억**해야 합니다. 따라서 글자 형태의 인식에 어려움을 느끼는 아이는 철자를 자주 틀리고, 구성을 힘들어하는 아이는 글자를 올바르게 쓰지 못할 때가 많습니다. 또한, 기억하는 것을 어려워하는 아이는 힘들게 외워도 금세 잊어버립니다. 이 현상은 특히 받침이 두 개인 글자에서 두드러지는데, **'쓰기'에 어려움을 느껴 자신이 쓰기에 서툴다는 인식을 강하게 가지거나 의욕이 저하되면, 학교 수업을 따라가지 못하기도** 합니다.

'말하기' 능력은 우선 '듣기'를 통해 그 말의 소리와 의미를 축적하고, 자기 생각을 소리와 말로 치환함으로써 획득합니다. 그런 다음 '읽기' 능력을 획득하고, 마지막으로 '쓰기' 능력이 생깁니다. 읽기는 못 하지만 쓰기가 가능한 아이라면 쓴 것을 '글자'로서 인식하지 못하고, 그림이나 형태로 기억하고 묘사하는 것에 불과합니다. 먼저 '듣기'로 단어를 기억하고 '말하기'를 할 수 있게 됩니다. 그런 뒤에 '읽기'가 가능해지면서 글자를 기억하고, '쓰기'도 가능해지는 순서로 발달하는 것입니다.

'산수' 능력의 획득과 어려움

지금까지 설명한 '듣기', '말하기', '읽기', '쓰기'와 같은 기초적인 능력이 뒷받침되어야 초등학생 때 '산수'를 배울 수 있습니다. 한편 산수 학습 전에 아이가 **'수 개념'을 파악하고 있는지** 확인할 필요가 있습니다. 민준이처럼 '두 개'라는 수 개념을 이해하지 못하면 컵을 두 개 가져오라는 말을 들었을 때, 한 개만 가져오는 상황이 발생할 수 있습니다. '일은 1', '이는 2'라는 기호로 치환된다는 사실과 '1'은 한 개이고 1이 두 개 있으면 '2'라고 부른다는 **약속**을 기억해야 합니다. 그리고 1 다음은 2, 그 다음은 3으로 이어진다는 **규칙을 기억**해야 합니다.

'산수'에서 어려움을 보이는 경우

큰 수(6~9)를 잘 세지 못한다면 숫자판 등 시각적인 자료 활용해 숫자를 나열해 이해를 도울 수 있다.

이것이 가능해졌다면 '덧셈'이나 '뺄셈'이라는 **단어의 의미를 이해해야 합니다. 계산 능력으로 넘어가기 전에 단어와 기호를 인식하는 지각능력을 갖춰야 한다**는 뜻입니다. 그 능력을 획득하지 못하면 계산에 필요한 규칙을 배울 수 없습니다. 또한 '읽기', '쓰기'와 마찬가지로 산수에서도 '올바르게 쓰는 힘'과 '집중력'이 필요합니다. 산수 하나만 보더라도 여러 능력을 획득해야 하지요. 그래서 아이가 이같은 학습을 유독 힘들어하는 모습을 보인다면, **학습능력이나 서툰 정도에 따라 학습장애 진단을 받기도 합니다.**

부모의 의견 차이

민준이에게 필요한 것은 노력이나 끈기가 부족하다는 오해를 받는 일 없이, 이해가 부족하거나 어려운 부분을 배우는 학습기회를 제공하는 것입니다. 이때, 아이의 속도에 맞는 개별적인 학습 지원이 필요합니다. 1~2학년은 저학년이므로 아이가 학습장애인지 판단하기가 쉽지 않습니다. 3학년 때부터라도 제대로 지원을 받을 수 있게 된 것은 무척 다행이라고 생각합니다. **지금까지 그 누구에게도 말하지 못했던 '모르겠다', '할 수 없다'는 고통이 잘못된 열등감으로 민준이의 마음에 뿌리내리기 전에 학교생활이 즐거워졌으니** 말이지요.

특수학급 교사는 민준이 **'엄마의 마음'을 이해하고 다독여주었으면** 합니다. 민준이의 엄마는 지방에서 근무하는 남편을 대신해 아빠의 역할까지 해야 했습니다. 때로는 부드럽게, 또 때로는 엄하게 아이를 꾸짖어야 했을 것입니다. 분명 마음을 모질게 먹고 애써오셨겠지요. 이렇게 아이를 돌보는 일은 물론 교육까지 혼자 도맡아야 했던 민준이의 엄마는 결과적으로 그것이 아이를 힘들게 했다는 생각에 후회하고 있습니다.

남편과의 의견 차이도 엄마를 힘들게 합니다. 민준이의 아빠는 특수학급 생활을 부정적으로 생각하기 때문입니다. 아빠는 '조금 더 노력하면 수업은 금방 따라잡을 수 있다.', '내가 어떻게든 도와줘야지.'라는 생각으로 애쓰고 있습니다. 반면, 엄마는 자신이 지금까지 민준이의 마음을 이해해주지 못했다는 후회와 남편이 공감할 수 있도록 자신이 설득해 보겠다는 마음을 가지고 있는 것 같습니다.

대개 누군가를 가르칠 때, 잘 하는 사람 관점에서 보면 '왜 이렇게 간단한 걸 못하는 걸까?' 하고 답답함을 느낍니다. 그러다 무심코 그 감정을 상대방에게 표출할 때도 있지요. 유명한 축구 선수라고 해서 반드시 좋은 감독이나 코치가 될 수 없는 것과 같습니다. 게다가 가족 간에는 그러한 감정이 더욱 강하게 드러나기 마련입니다.

민준이의 아빠는 지방에서 근무하고 있습니다. 가족의 생계를 책임져야 하는 가장으로서 늘 열심히 일하지만, 가족과 떨어져 생활하는 만큼 무언가 직접적인 도움을 주고 싶다고 생각했을지도 모릅니다. 산수에는 자신이 있기도 해서 여기는 자신이 나설 차례라며 의욕을 느끼고 있을 수도 있지요.

이런 상황에서 전문가가 떡하니 등장해 민준이에게 세심한 지원을 쏟는다면, 아빠가 나설 자리가 없어지고 맙니다. 항상 떨어져 있을 때가 많다 보니 잘 챙겨주지 못해서 미안했던 아빠는, 산수 가르치기는 자신이 아이에게 잘 해줄 수 있는 부분이라고 느꼈을 겁니다. 그런데 아이 입장에서 이해하기보다 가르쳐주려는 의욕이 앞서다 보니 엄하게 가르치는 상황이 되어 버린 것이 아닐까요?

아빠가 능력을 발휘할 수 있는 장면을 연출

먼저 특수학급은 학교가 학습 지원이 필요한 아이들을 위해 마련한 배움의 장이며, 전문교사와 함께 학습능력을 키워갈 수 있는 곳이라는 인식을 가질 수 있도록 민준이 아빠에게 잘 설명할 필요가 있습니다. 이때 담임교사나 발달센터 등의 관계자가 '민준이의 학습은 맡겨달라'는 말과 함께 이야기하면 효과가 있을 것입니다.

그리고 민준이가 아빠와 보낼 수 있는 한정된 시간을 유익하게 쓸 수 있도록 가족이 모두 함께 상담 자리에 나오면 좋을 것입니다. 또, 자전거 타기나 공놀이, 영화 감상 등 아빠와 아이가 함께 할 수 있는 놀이나 운동을 통해, 민준이와 엄마가 **'역시 아빠가 있어서 좋다'고 느낄 수 있게 하는 것이 아빠에게도 필요**합니다.

'지방 근무 때문에 가끔 집에 오니까 아이한테 다정하게 대해주면 좋을 텐데. 엄하게 꾸짖기나 하고, 내가 힘든 건 하나도 몰라주고, 특수학급까지 반대하다니. 정말 답답하고 속상하다…' 엄마의 마음을 한번 짐작해보았습니다. 하지만 잠시만 그 마음을 내려놓고, 아빠가 민준이 앞에 **'좋은 아빠'로서 등장할 수 있도록 무대를 연**출해 보시길 바랍니다.

아빠는 아이가 학습을 따라가지 못한 채로 있어도 괜찮은지, 교사에게만 맡겨두어도 되는지 아빠로서 책임감을 느끼고 있을 것입니다. 여기서는 주치의가 민준이가 잘하는 일과 서툰 일을 아빠에게 충분히 설명하고, '현시점에서는 학교를 믿어 보자'고 제안하는 자리를 마련하면 좋을 것 같습니다.

만약 **의견 차이로 인해 심한 갈등이 일어날 정도라면, 의료나 교육관계자와 함께** 이야기를 나눌 필요가 있습니다. 이때는 아이를 제때 돌봐주지 못했다고 느끼는 아빠의 책임감에 공감해 주고, '아빠의 자존심을 상하게 하지 않으면서 아이를 생각하는 부모의 마음을 존중하는 것'이 중요합니다.

학령기(6~12세)

> ☆ 민준이의 마음과 행동에 다가가기 위한 힌트
>
> 공부는 눈앞에 결과가 바로 나올 뿐 아니라, 주변 사람들에게 평가를 받게 됩니다. 예전에 진찰실을 찾았던 한 아이는 이렇게 말했습니다. "다른 아이들은 잘 하는데 저만 못할 때, '아, 이게 바보라는 거구나.' 하고 실감했어요. 하지만 제가 못한다는 사실은 알고 있으니까 그렇게 심각한 바보는 아니구나, 하고 스스로 위로했죠."
>
> 이 같은 오해를 풀기 위해, 아니 처음부터 아이가 이런 감정을 느끼지 않도록 어른들이 제대로 알고, 아이가 가진 능력을 끌어낼 필요가 있습니다. 그리고 아이가 해냈을 때, "와! 잘 했구나!"라고 충분히 칭찬해주어야 합니다. 이것을 가장 큰 목표로 삼아야 한다고 생각합니다.

학교 가기를 싫어하는 재영이 (11세·초등학교 5학년)

재영이는 감정을 잘 다스리지 못한다. 2학년 무렵부터 게임을 끄라는 말을 들으면 충동적으로 벽이나 문을 주먹으로 내리치거나 발로 세게 걷어찼고, 다른 사람의 말이 조금이라도 마음에 들지 않으면 서슬이 시퍼렇게 서서 소리를 질러댔다. 재영이 부모도 욱하는 면이 있어, 아이에게 고함을 치기도 하고 매를 들기도 했다. 그러면 재영이 역시 "어차피 나 같은 거 죽어버리면 되잖아!"라고 더욱 흥분했고, 이 같은 악순환이 되풀이되었다. 담임교사는 걱정되는 마음에 재영이의 엄마에게 심리상담을 받아보도록 제안했다. 몇 차례의 상담 후에 전문의 진찰을 권유받았고, 재영이는 주의력결핍 과잉행동 장애(ADHD), 학습장애(LD) 진단을 받았다.

재영이는 3학년부터 부분적으로 특수학급을 이용하기 시작했다. 그곳에서 사회기술훈련(Social Skills Training; SST) 등을 통해, 분노나 짜증과 같은 감정을 가라앉히는 방법을 비롯해 또래 관계를 원만하게 형성하는 법을 배워나갔다. 부모도 아이가 흥분했을 때 최대한 차분하게 대처하려고 노력했고, 통합학급 담임교사가 무척 이해심이 깊었던 덕분에 4학년이 끝날 무렵에는 상당히 안정되었다.

그러나 5학년의 어느 날, 무언가 마음대로 되지 않아 짜증이 쌓인 재영이는 옆에 있던 친구에게 그만 폭력을 쓰고 말았다. 학년이 바뀌면서 새로운 환경과 담임교사를 만나 혼란스러웠을 것이라고 짐작된다. 그 후, 재영이는 친구들과 충돌하는 일도 잦아졌고 결국 학교에 가지 않게 되었다.

지금은 매일 게임과 SNS에 빠져 지낸다. 재영이는 부모의 말도 전혀 들으려고 하지 않는다. 최근에는 "왜 나는 병원에 다녀야 해?", "약도 먹기 싫어!"라고 말한다. 부모는 어찌하면 좋을지 갈피를 잡을 수 없고, 이대로 아이가 등교를 거부하는 상태가 계속될까봐 한숨만 늘어간다.

· 키워드

주의력결핍 과잉행동 장애, 학습 장애, 부모의 지나친 대응, 사회 기술 훈련,
등교 거부, 통원 · 약물치료 중단 희망

해설 11 아이의 속마음 알아차리기

감정을 잘 조절하지 못하는 재영이는 어쩌면 **스스로에게 답답함을 느끼고** 있지 않을까요. 게임을 그만하라는 말을 들었을 때 화를 내는 이유는, 게임을 꺼야 한다는 것을 알고 있지만 계속하고 싶은 마음을 조절하지 못하는 자신에게 몹시 화가 나고 답답하기 때문일지도 모릅니다. 또, 신경에 거슬리는 말을 들었을 때 버럭 화를 내는 이유는 먼저 깨닫지 못한 자신이 한심스럽게 느껴졌기 때문일 수 있습니다.

이처럼 자기감정에 솔직한 탓에 대인관계를 원만하게 유지하기 힘들었을 테고, 이러한 경험이 쌓이고 쌓였을 것입니다. 나름대로 주변 사람들에게 맞추려고 노력했지만, 자기감정에 스스로 휩싸여 버린 재영이. 버티다 못해 결국, 자신이 가장 좋아하는 학교에서 벗어나는 방법을 선택한 것은 아닐까요. 감정의 대상이 자신이든 가족이든, 해소할 길이 없으면 울거나 화를 내는 등의 방법으로 감정을 끌어안을 수밖에 없습니다.

그럼, 재영이의 말 속에 담긴 마음을 한번 상상해 봅시다.

"어차피 나 같은 거 죽어버리면 되잖아!" → '나는 정말 한심한 녀석이야. 죽는 편이 나아. 하지만 스스로 그렇게 생각하는 건 너무 괴로워. 그러니까 부모님이 그런 생각을 하고 있다고 치자. 내가 이런 말을 했을 때 부모님이 "죽으면 안 돼."라고 반응한다면 부모님이 나를 정말 생각해 주고 있다는 걸 알 수 있겠지. 또 '죽는 편이 낫다'는 생각도 바꿀 수 있을 거야…'

이런 심정의 재영에게 부모가 할 수 있는 것은 **"우리는 단 한 번도 네가 죽었으면 좋겠다고 생각한 적이 없어."**라고 계속해서 대답해주는 것입니다. 이 말이 설득력 있게 들리기 위해서는 부모가 주의를 주거나 타이를 수는 있어도, **폭력이나 질책은 삼가야 한다는 것입니다. 폭력이나 질책은 상대방에게 '존재가치가 없다'**는 메시지를 보내는 것과 마찬가지입니다.

"왜 나는 병원에 다녀야 해?" → '사실 내가 스스로 해결할 수밖에 없다는 건 알고 있어. 하지만 그렇게 하지 못하는 내가 한심해. 지금의 나에게는 해결할 힘이 없어. 그러니까 부모님이 어떻게든 해줬으면 좋겠어. 그런데 가족도 아닌 의사와 병원을 의지하다니… 나 자신도 한심하고, 부모님도 나를 버거워하고 있다는 거 아닐까.'

이 경우 부모는 재영이에게 "너에게 잘못이 있어서 병원에 가는 것이 아니야. 앞으로 어떻게 하면 좋을지를 상담하러 가는 거란다."라고 말해주어야 합니다. 그리고 "네가 가기 싫다면 우리끼리라도 상담을 받으러 다녀올게."라고 말하고 **부모만이라도 상담일에 병원으로 가야** 합니다.

'학교에 가고 싶지 않다'는 결심을 하기 전에

분명 재영이는 '의사 같은 제삼자는 나한테 학교에 가자는 말만 할 게 뻔해. 내 괴로움 따위 아무도 알아주지 않아.'라고 생각하지 않을까요. 진찰실을 찾은 아이 중, 재영이처럼 학교에 가기 싫어하는 아이에게 이렇게 말한 적이 있습니다. "지금 학교에 가고 싶지 않다면 안 가도 괜찮다고 생각해. 하지만 그 기간에 어떻게 지내는지, 또 고민은 없는지, 앞으로의 일을 생각했을 때 어려운 점은 없는지, 지금까지 있었던 일로 마음에 쌓인 불만은 없는지 상담은 받았으면 좋겠구나.", "나는 학교에 가지 않겠다는 네 결정을 존중해. 물론 그렇다고 학교를 마냥 쉴 수는 없겠지. 어쨌든 그 기간이 일주일이든 한 달이나 일 년이든, 너와 가끔 이야기를 나누고 싶어."라고 말입니다.

재영이는 초등학교 5학년이라는 어린 나이에 학교에 가지 않겠다는 용기 있는 결정을 스스로 내렸습니다. 그러나 실제 재영이의 마음을 들여다보면 한없는 불안으로 가득 차 있을 것입니다. 이대로 정말 괜찮을지, 어느 날 갑자기 누군가 학교에 가자며 강제로 자신을 끌고 가지는 않을지, 아니면 부모가 자신을 버리지는 않을지…. 아이의 마음이 평온할 리가 없겠지요.

당분간 학교를 쉬어도 된다고 말해준다면, 재영이는 더는 혼자서 싸우지 않아도 된다고 느낄 것입니다. 다만 학교를 영원히 쉴 수는 없으며, 언젠가 자신이 마주해야 할 현실이 있다는 사실은 재영이가 받아들였으면 합니다. 재영이를 어떻게 도울 수 있을까요?

재영이의 마음을 존중한다

지금 제 눈앞에 재영이 가족이 있다면 앞서 말한 내용을 주고받은 뒤, '온라인 게임이나 SNS는 외부사회를 이어주는 창이자 연결 통로이며, 이것을 **모두 차단하면 오히려 위험할 수 있다**'고 이야기할 것입니다.

다만, 다음과 같은 주의사항을 지키도록 해야 합니다.

· SNS에 타인을 비난하거나 비방하는 글을 쓰지 말 것.
· 게임에 지나치게 큰 금액을 사용하지 말 것.
· 부모님과 상의해 시간제한이나 규칙을 정할 것.

또, 본인이 약을 먹고 싶지 않다는 의사를 밝힌다면 **더 설득하지 않고**, "약은 일단 선생님을 신뢰할 수 있게 되면 그때 다시 이야기해보자."라고 말할 것입니다. 그리고 **재영이의 마음을 최대한 존중하면서 제가 재영이를 위해 할 수 있는 일을 이야기**할 것입니다. 예를 들면 다음과 같은 일을 들 수 있습니다.

① 3~4학년 시기, 특히 4학년 후반의 안정적인 생활 돌아보기

그 시기에 학교를 잘 다닐 수 있었던 이유를 재영이에게 가르쳐달라고 합니다. 그리고 5학년이 되고 나서는 왜 학교 생활이 어려워졌는지, 그 이유도 함께 생각합니다. 이 시점에 개선의 여지가 있다고 판단되면 학교에 연락하거나 담임교사에게 진찰실 방문을 요청해 함께 상의합니다.

② 충동적인 감정으로 인한 기물파손과 폭력의 이유 묻기

어떤 때에 그런 감정이 생기는지, 그 감정을 스스로 어느 정도 조절할 수 있는지, 혹은 조절하고 싶지만 조절하기 힘든 것인지를 확인합니다. 결과적으로 실패한 경험이나 자책하는 일을 줄여나가는 것이 목적입니다.

③ 주변 사람들로 인해 감정이 증폭되는지 확인하기

누가 어떻게 해주기를 바라는지 재영이게 물어봅니다. 그 대상이 교사나 가족이라면 "선생님도 이야기해 둘게."라고 말합니다. 만약 친구인 경우는 재영이가 그 친구에게 어떻게 행동하면 좋을지를 제안하고, 학교 관계자와 상의해 학교 측의 협조를 구합니다.

④ 재영이가 가정에서 안심하고 원만한 생활을 할 수 있도록 소통 중재하기

정기적으로 병원을 방문하도록 해, 가정에서 어떻게 지내는지 재영이의 이야기를 듣습니다. 또, 부모님이 노력해주셨으면 하는 점이 있는지 물어보고, 아이가 부모에게 바라는 점을 알려준다면 제가 직접 부모님께 말씀드립니다. 반대로 부모님이 재영이게 바라는 점이 있다면 경우에 따라서 재영이에게도 개선을 위한 노력해달라고 할 수 있다고 알립니다. 학교라는 외부 공간을 떠나 가정이라는 폐쇄적인 공간에서만 생활하면 서서히 목소리가 큰 사람이 상대방의 말을 무시하거나 거부하는 태도를 보이게 되고, 이로 인해 **'지배와 복종' 관계가 형성되기 쉽습니다. 의사는 눈으로 보이지 않는 폐쇄 공간에 숨을 쉴 수 있는 작은 구멍을 내는 역할**을 합니다. 이때 중요한 것은 **최대한 아이 편에서서 불완전한 중립을 취해야 한다**는 사실입니다.

'서투름'에 맞춘 구체적인 대응을 검토

재영이의 '의학적 진단에 따른 대응'은 재영이와 이야기를 주고받는 가운데 신뢰 관계가 형성되어야 비로소 검토할 수 있습니다. 아이와 부모, 담임교사와 상담을 진행하며 재영이의 서투른 정도에 맞추어 실시할 수 있는 구체적인 대책을 세워나가야 합니다.

재영이와 나눌 이야기

'장해 이해'가 아닌 '재영이의 자기 이해'라는 관점에서 재영이가 잘하는 일과 서툰 일을 함께 확인해 나갑니다. 심리검사나 일상생활에서 보인 행동이 어떻게 보였는지를 알리고, 평가에 대한 재영이의 감정과 의견을 물어봅니다.

부모와 나눌 이야기

재영이의 기질과 대처 방법을 상의합니다. 아이의 기질을 알면 아이를 어떻게 대하면 좋을지도 어느 정도 예상할 수 있습니다.

학교 관계자와 나눌 이야기

재영이와 가족에게 **재영이의 기질을 알리고 이해를 구한 뒤, 가능한 범위 내의 환경 조성**을 요청해도 되는지 동의를 구합니다. 그 후에 학교 관계자에게 연락을 취합니다. 그리고 학교 관계자가 학교에서 시행 가능한 방법을 제시하면 그것을 재영이에게 가르쳐주고 **'어느 정도까지 노력할지'를 재영이가 스스로 정하도록** 합니다. 재영이가 스스로 결정한 행동을 실천할 수 있다면 자신감도 향상될 것입니다. 만약 실패했다 하더라도, 다시 돌이켜보며 자신의 역량을 가늠해보고, 자신을 알아가는 기회로 이어질 것입니다.

> ### ☆ 재영이의 마음과 행동에 다가가기 위한 힌트
>
> 재영이는 어떤 생각이 들면 말보다 행동이 먼저 나가는 유형일 수 있습니다. 망설이거나 고민하기 전에 행동하는 행동파인 셈이지요. 저는 재영이 같은 아이를 만나면 이렇게 이야기합니다. "예전에 선생님이 미국의 한 초등학교를 방문한 적이 있는데, 거기서 'Stop, Thinking, Action'이라고 적힌 포스터를 봤어. '멈춰라! 그리고 생각하고 행동하라'는 뜻이야. 사실 선생님도 가끔 초조하거나 급할 때는 생각하기 전에 행동부터 해서 일을 그르칠 때가 있어. 그래서 그때 봤던 포스터의 문구가 정말 중요하다는 걸 깨달았지."
>
> 이 말이 그 아이에게 와닿으면, 다음 진찰 때 "선생님, 저 멈췄어요!", "그게 뭐였죠? 행동하고 멈춰라?"라고 묻기도 합니다. 저는 그런 아이에게 "하지만 너는 급할 때 '일단 행동부터' 하잖니. 그러니까 너는 항상 급한지도 모르겠구나."라고 대답하기도 하지요. 이러한 대화는 상담이 다음 단계로, 그리고 긍정적으로 나아가게 돕습니다.

지나친 개입

애정이 지나친 나머지 간혹 자신의 가치관을 강요하는 부모들이 있습니다. 혹은 자신의 감정대로 아이를 대하기도 하지요. 부모가 '훈육'이라는 이름으로 아이의 행동에 간섭하는 이유는 예절 바른 아이, 미덕을 갖춘 아이로 자라길 바라는 마음 때문일 것입니다. 훈육에는 그런 의미가 담겨 있다고 생각합니다. 그러나 아이가 좀처럼 말을 듣지 않으면 사랑이 미움으로 바뀌기도 하고, 자신을 무시하고 있다는 착각으로 인해 분노하기도 합니다.

첫 시작은 '아이를 위하는 마음'에서 비롯됩니다. 그러나 때로는 그 마음을 적당한 선에서 멈추지 못할 때가 있습니다. 멈추고, 생각하고, 행동하는 'Stop, Thinking, Action'의 순서대로 하지 못한 채, 행동만 하고 멈출 수 없다면 사고가 정지해 있다는 뜻입니다. 그럴 때는 진찰실에서 상담을 통해 마음을 가라앉히고 함께 생각함으로써 행동을 멈추기도 합니다.

그러나 이미 함께 생각할 여유가 없을 정도로 행동을 멈출 수 없는 경우도 있습니다. 그럴 때는 아이와 부모 모두를 보호하기 위해 아동상담소에서 상담을 받아볼 것을 제안합니다. 때로는 부모 자녀 관계의 악순환을 잠시 끊기 위해 상황을 '신고'할 때도 있습니다. 신고는 그 부모 자녀와의 관계가 끝나는 것이 아니라, 새로운 관계가 시작됨을 의미합니다. 지금까지는 아이를 지키기 위해 대응해 왔지만, 행동을 스스로 멈추지 못해 내심 괴로웠을 부모의 미래를 지키기 위해, 새롭게 부모와 자녀 관계를 대응해나가게 되는 것입니다. 신고는 '더 심도 있는 대응의 시작'이라고 생각합니다.

대인관계 형성을 어려워하는 유은이 (12세 · 초등학교 6학년)

유은이는 상대방의 기분이나 표정, 상황의 분위기를 잘 파악하지 못한다. 그래서 다른 사람과 원활한 소통을 하기 어렵고, 친구를 사귀기도 힘들다. 예를 들어, 냄새에 유독 민감한 유은이는 상대방을 신경 쓰지 않고 "냄새 나."라고 말한다. 또 친구의 말이 틀렸다고 생각되면 철저하게 자기주장을 펼쳐 상대방을 꼼짝 못 하게 만들기도 한다. 친구들이 대화하고 있는 자리에 불쑥 끼어들어 자기 이야기를 늘어놓을 때도 있다. 당연히 상대방은 기분이 좋을 리가 없다. 하지만 유은이는 상대방이 당혹스러워하거나 싫은 표정을 지어도 그것을 읽지 못한다.

학교에서는 이미 '눈치 없는 아이'로 낙인찍혔고 어느 여자아이들 무리에서도 유은이를 끼워 주려고 하지 않아 고립 상태에 있다. 상황이 이런데도 친구들이 왜 자신을 피하는지 그 이유조차 깨닫지 못한다. 담임교사가 "친구가 왜 화가 났는지 알아?"라고 물어봐도 유은이에게서는 "모르겠어요.", "걔는 바보예요." 같은 대답만 돌아올 뿐이다. 유은이는 '자신은 아무 잘못이 없는데 친구들이 자신을 따돌린다', '어차피 선생님도 부모님도 자신을 이해해주지 않는다'며 도리어 화를 낸다.

최근에는 학교에서 받은 스트레스를 발산하려는 듯, 엄마에게 심한 폭언을 퍼붓는다. 엄마는 감당이 되지 않아 유은이와 조금 거리를 두고 있다. 담임교사는 유은이의 상태가 염려되어 학부모 면담을 요청하기 위해 유은이 엄마에게 연락하지만, 그저 "저희 아이 때문에 많이 힘드시죠. 죄송합니다."라는 반응이다. 그러다 보니 아이 문제로 차분하게 대화할 기회를 만들기 어렵다. 슬슬 중학교 입학도 고려해야 할 시기다. 담임교사는 걱정되는 마음에, 유은이가 개별적인 지원을 받을 수 있는 학교 진학을 선택지에 넣으면 좋겠다고 생각한다.

· 키워드

서투른 의사소통, 대인관계 형성의 어려움으로 인한 고립, 가정 내 폭언, 중학교 진학

솔직하고 정의감이 강한 아이

6학년 유은이는 자기감정에 솔직하고 생각한 것을 그대로 말로 표현합니다. 실제로 모두 맞는 말이기도 합니다. 유은이는 분명 **정의감이 무척 강한 아이**일 것이라고 상상했습니다.

저는 유은이와 같은 아이를 만나면 안데르센 동화의 〈벌거벗은 임금님〉 이야기가 떠오릅니다. 잘 알고 계시겠지만, 벌거벗은 임금님을 본 백성들은 대부분 '임금님은 벌거벗지 않았다'고 거짓말하며 임금을 찬양합니다. 그런데 한 소년만이 유일하게 '임금님은 벌거벗었다'고 솔직하게 말합니다. 저는 이 소년이 그 후에 어떻게 되었을지 궁금하기도 하고 한편으로는 걱정도 됩니다. 임금님이 소년의 말에 눈을 뜨고 소년에게 고마워했을지, 아니면 백성들처럼 거짓말을 하지 않은, 분위기 파악을 못 하는 소년에게 엄벌을 내렸을지 말이지요.

유은이는 초등학교 6년 동안, 태어나서 지금까지 12년 동안 어떤 생활을 해왔을까요. 그리고 아이의 **솔직함, 때로는 고집스러운 올곧음**에 부모님은 어떻게 반응해 왔을까요.

먼저 엄마의 생각을 헤아린다

엄마와 유은이는 지금까지 어떤 생활을 해왔을지 다양하게 상상해 보았습니다. 엄마는 유은이의 솔직함을 그대로 받아주며 양육해 왔을까요. 아니면 도중에 유은이의 솔직함을 바로잡기를 포기하고, 아이에게 맞추어주면서 아이로 인해 불편해할 주변 사람들에게 미안함을 느껴왔을까요. 혹은 어른이 되어가는 과정에서 이 같은 순수함도 변할 것이라고 여기고 기다려왔을까요. 어느 쪽이었든 10년 넘게 버티고 애쓰시느라 정말 고생하셨습니다.

먼저, 유은이를 바꾸는 대책을 마련하기에 앞서 **엄마의 생각을 확**인할 필요가 있습니다. 그리고 **유은이의 언행에 담긴 의미를 함께 생**각하고, 솔직함으로 인해 유은이가 생활에서 느꼈을 어려움과 장점을 살펴본 뒤, 앞으로 일상생활에서 취할 수 있는 대책을 제안해 나갑니다.

유은이를 지원하는 체제를 마련한다

가정을 비롯해 학교와 의료기관 등, 유은이를 둘러싼 사람들이 아이를 위한 대책과 환경을 마련할 필요가 있습니다. 저라면 이런 방법을 검토해 볼 것입니다.

① 어느 정도 객관적으로 이해하기 위해 진찰과 검사를 제안한다
이때 중요한 것은 진찰에 소요되는 시간과 부모의 생각입니다. 얼마나 시간을 할애할 수 있는지, 아이와 부모의 동의를 얻을 수 있는지를 충분히 검토해야 합니다. 만약 부모가 진찰 자체에 거부감을 보인다면 담임교사에게 도움을 구합니다. 유은이가 중학교 입학을 앞둔 만큼 담임교사를 통해 '의료기관과 협조해 보는 것은 어떤지' 부모의 마음을 살펴본 뒤, **담임교사와 부모가 함께 진찰실을 방문하도록 하는 것도 방법**입니다.

담임교사와 가족이 진찰실을 찾았다면 의사는 가족에게 "유은이가 보이는 행동이나 말의 의미를 조금 더 깊게 이해할 필요가 있습니다. 심리검사를 진행해도 될까요?"라고 동의를 구합니다. 그리고 가족이 승낙했다면 유은이에게도 "또 놀러오렴. 다음에는 함께 퀴즈를 풀어 보자."라고 말해 둡니다.

가족의 불안이 크다면 유은이 엄마와만 상담을 시작하는 것도 좋습니다. 상담 시에는 항상 부모님의 심정을 존중하는 태도를 보이도록 유의합니다.

② 의학적 견해를 바탕으로, 앞으로 학교와 가정에서 가능한 대처를 검토하고 제안한다

유은이가 중학교 진학을 앞두고 있어서 더 걱정이 될 것입니다. 따라서 단순한 정보 교환이 아닌, 실제 도움이 되는 방안을 다양하게 모색합니다. 예를 들어 통합학급과 특수학급 중 어느 곳이 나을지, 통합학급에 간다면 어떻게 지원하면 좋을지 등을 의학적 견해를 바탕으로 구체적으로 고민해 나갑니다.

또한, 만약 가정에서 유은이가 심한 폭언을 뱉었을 때는 다음과 같은 대처를 제안해 볼 수 있습니다. 먼저 부모는 "화가 많이 났구나."라고 아이의 감정을 인정해줍니다. 그리고 "유은아, 그런데 왜 화가 났어?

○○ 때문이야? 아니면, △△ 때문이니?"라고 화가 난 이유를 알려주었으면 좋겠다는 의사를 표시합니다. 물론 유은이가 "그러니까 ○○ 때문에 화가 난다고!"라고 소리를 지르며 화를 낼 수도 있습니다. 그럼 "고마워, 유은이의 마음을 알 수 있어서 다행이야!"라고 기뻐하는 모습을 보여줍니다.

③ 향후 의료기관과의 협조를 제안한다.

당분간은 부모님의 심정을 헤아리고 위로하는 편이 나을지, 아니면 유은이와의 관계를 탄탄하게 만드는 편이 나을지, 또 유은이 아빠에게는 어떻게 이해를 구하고 어떤 역할을 맡도록 요청해야 할지 등을 고려하며 대책을 세웁니다.

학교 측의 도움을 받기 어렵고, 부모와 아이 모두 의료기관을 찾기 힘들다면, 학교 내에서 가능한 지원을 최대한 받도록 합니다. 아울러 정기적인 상담을 통해 엄마의 마음을 위로하고 고립감을 줄이는 데 초점을 맞춥니다. 앞으로 다니게 될 중학교에 아이와 관련된 내용을 충분히 전달하고 부모를 계속 지원함으로써 의료와의 연계를 제안해 나가는 것도 중요합니다.

아이와 부모, 의료기관이 연결되었다면 **교육기관과 의료기관이 연계를 유지하는 것이 중요**합니다. 만약 의료기관에만 맡긴다면 모처럼의 노력이 물거품이 될 수 있습니다.

'손해 보는 행동'을 그만두는 방법

유은이를 위한 대처 방법은 앞으로도 계속 만들어 나가야 합니다. 다만, 의료만으로는 유은이의 문제를 신속하게 해결할 수 없습니다. 지속적인 상담을 통해 학교와 가정에서 아이가 어떤 모습을 보이는지 듣고, 적절하게 대응할 필요가 있습니다.

예를 들어, 유은이에게는 "그래? 화가 날만 했겠다."라고 감정에 공감한 뒤, "화가 나서 그만 때렸구나. 그런데 때리면 결국 너도 혼이 나잖아? 그러니까 때리기 전에 "나도 몰라."라고 말하고 그 자리를 떠나면 좋을 것 같아."라고 말합니다.

어머님에게는 "어머님, 유은이 손목에(손목을 톡톡 친다) 실팔찌를 달아 주면 어떨까요?"라고 제안합니다. 그리고 다시 유은이에게 "유은아, 다음에 또 친구를 때리고 싶은 마음에 들면 이 팔찌를 한 번 보렴. 그럼 '나도 몰라.'라는 말이 떠오르겠지? 그 말을 하고 교실을 나와서 담임선생님이 계신 곳으로 가보면 어떨까?"라고 부탁합니다.

"유은이 네가 어떤 마음이었는지는 선생님도 알 것 같아. 하지만 그렇다고 친구를 때리는 행동을 하면 결국 너한테 손해야(좋지 않아). 더 좋은 방법을 함께 찾아보지 않을래?"라고 말하고, 아이를 위한 대처 방법을 계속해서 마련할 필요가 있습니다. 그러기 위해서라도 가족과 학교가 그 시간을 함께 버틸 수 있도록 준비하는 것이 중요합니다.

'손해 보는 행동'을 그만두는 방법

화가 나 친구를 때리고 싶은 마음이 들면, 손목에 찬 실팔찌를 보고 그 자리를 떠나야겠다는 생각을 하게 한다.

☆ 유은이의 마음과 행동에 다가가기 위한 힌트

저는 유은이가 자기 생각을 솔직하게 말하고 주장하는 점을 좋게 평가합니다. 다만, 유은이가 불필요한 손해를 보지 않도록 자기 생각을 상대방에게 잘 표현하는 방법, 오해를 사지 않고 말하는 방법을 함께 고민할 필요가 있습니다. 이때 저는 유은이가 지금까지 만났던 사람 중에서 안 좋게 기억된 어른과 같은 언행을 취하지 않도록 늘 주의합니다. 유은이가 '이 세상에는 지금까지 만나보지 못한 좋은 어른들이 많다'는 사실을 깨달을 수 있도록 해야 합니다. 그러기 위해 누가, 어떻게 좋은 어른의 역할을 할 것인지를 놓고 머리를 싸매고 고민하기도 합니다. 동시에 부모님이 그 어른을 부정하거나 불신하지 않도록, 사전에 유은이의 솔직함과 고집에 대해 부모과 공통된 인식을 갖고, "조금 다른 면모를 가진 어른으로서 유은이의 마음에 들도록 노력해 보겠습니다."라고 말할 수도 있습니다.

사춘기(12~17세),
부모와의 적당한 거리가 중요한 시기

지금까지 12개의 사례를 통해, 영유아기~학령기 아이들에 대해 개개 인의 발달 속도를 고려한 대처 방법을 살펴보았습니다. 그리고 아이들은 이후로도 계속 성장합니다. 사춘기에 접어든 아이들은 '나는 앞으로 어떻게 살아야 좋을까?'라는 고민을 하게 됩니다. 물론 부모도 나름대로 고민이 있겠지만, 아이의 고민과 같을 수는 없지요. 이 시기의 아이들은 그동안의 부모 자녀 관계와 그 가정의 문화 등으로부터 영향을 받습니다.

사춘기가 되면 급격한 신체 성장이 이루어지고, 아이들은 먼저 자신이 속해 있던 곳으로부터 정신적인 독립을 시도합니다. 그리고 청년이 된 이후에는 경제적으로도 독립하기 시작하지요. 즉, **사춘기는 신체적 정신적으로 어른이 되어 가는 과정으로, 어떻게 부모로부터 독립해 자아를 확립해 나갈 것인지가 핵심**이라고 할 수 있습니다.

사춘기를 자세히 다루려면 책 한 권으로 써야 할 만큼 내용이 매우 방대합니다. 따라서 구체적인 사례는 생략하고, 이 시기에 알아둬야 할 핵심을 간단하게 살펴보겠습니다.

나는 어떻게 살아가야 하는가?

사춘기가 되면 진지한 고민이 많아집니다. 사춘기의 가장 큰 과제는 '나는 누구인가?'라는 자아정체성 확립이지요. 그래서 대인관계, 특히 또래 관계에서 고립감이나 열등감 등을 강하게 느낍니다. 또한, 학습환경이 크게 바뀌면서 혼란스러워하거나 압박감을 느끼기도 합니다. 중고등학교 선택이 어려워지고, 저조한 성적으로 인해 공부할 의욕을 잃어버리고, 결국 도중에 학업을 포기하는 경우도 있지요. 아이들은 이런 **자신을 향한 타인의 시선과 평가를 강하게 의식**하고, 때로는 상처를 받기도 합니다.

간혹 주변 사람들이 자신을 싫어하고 꺼린다며 피해의식을 느끼거나 부정적인 자기 평가를 말로 표현하는 아이도 있습니다. 앞서 언급했듯이, **사춘기는 '앞으로 어떻게 살아가면 좋을까'라는 물음을 스스로 던지고 고민하는 시기입니다.** 그러나 그렇다고 해서 부모에게 정신적으로 기대는 모습을 보이지는 않습니다. 화풀이를 하면 했지, 조언을 구하려고 하지는 않지요. 지금까지 부모가 자신을 이해하고 지켜주었던 환경에서 벗어나, 자신과 마주하기 위해 몸부림치는 단계라고 할 수 있습니다.

적당한 거리의 필요성

이 시기에는 부모도 아이를 대하는 방식에 변화를 줄 필요가 있습니다. 초등학생 때는 아이에게 부모의 말을 듣게 하는 방식, 즉 '상하관계'에서 가능했던 일들이 서서히 역전되거나 '수평적인 관계'에 가까워집니다. 그렇게 되면 부모는 당혹감을 느끼고 지금까지와 마찬가지로 상하관계로 아이를 대하려고 하고, 결국에는 서로 충돌할 수밖에 없습니다.

사춘기에는 이러한 충돌을 자주 겪습니다. 부모는 자신을 의지하지 않고 오히려 거리를 두려는 아이에게 서운함을 느낍니다. 그러면서도 아이를 내버려 둘 수 없다는 생각에 답답하기도 하고, 마음이 무척 심란하지요. 아이가 이전처럼 자신의 말을 따르지 않는다는 사실에 자신이 한심하다고 느끼거나, 석연치 않은 감정을 느낄 수도 있습니다. 그러나 거기서 왜 부모 말을 듣지 않느냐고 호통을 치면, 아이와의 관계는 더욱 틀어지고 맙니다. 무척 어려운 시기가 아닐 수 없습니다. 그러므로 **부모는 사춘기 아이에게 지나치게 간섭하거나 아이를 지배하려는 모습을 보이지 말고, '적당한 거리'를 두어야 합니다. 다시 말해, '한 발짝 떨어져서' 아이를 지켜보는** 자세가 중요합니다.

그래도 자신의 미래를 고민하고 방황하는 아이를 어떻게든 도와주고 싶은 것이 부모의 마음입니다. 또, 무작정 거리를 두려고만 하면 아이가 고립될 위험도 있습니다. '한 발짝 떨어져서' 지켜본다는 것은, 부모가 무엇이든 해주겠다는 자세에서는 벗어나면서도 아이의 고민에 적당한 거리를 두고 냉정하게 대응하는 것을 의미합니다. 물론 처음부터 적당한 거리를 찾기란 쉽지 않을 수 있겠지만, 사춘기 아이를 대할 때는 꼭 필요하다는 사실을 기억하시길 바랍니다.

부모 이외의 '소통 가능한 대상'이 필요하다

지금까지는 아이에게 있어 부모란 중요한 타자이며, 아이는 부모와의 상호작용 속에서 자라왔을 것입니다. 그러나 사춘기가 되면 오로지 부모와 맺었던 유대관계에서 벗어나 또래를 비롯해 다양한 사람들과 관계를 형성해나가게 됩니다. 이 시기에 부모가 한 발짝 물러나지 않으면 아이는 새로운 유대관계를 맺기 어렵습니다.

아이가 부모로부터 경제적 · 물리적 보호를 받고 있다고 느끼면서, 동시에 **부모와 정신적인 거리를 두기 위해서는 친구나 신뢰할 수 있는 대상이** 필요합니다. 그 대상이 존재해야 부모에게서 떨어질 수 있으며, 이 같은 정신적 독립은 사춘기의 매우 중요한 발달 과업입니다. 친구를 사귀거나 다른 사람과 관계를 맺기 어려워하는 아이일수록 부모와 거리를 둠으로써 생긴 구멍을 메우기 힘들어합니다.

이처럼 새로운 관계를 만들어 나가지 못하면, 벗어나고 싶지만 벗어날 수 없는 부모 자녀 관계에 몸부림치거나 부모의 지배를 받고 있다는 생각에서 헤어나오지 못합니다. 그런 자신을 한심스럽게 여겨 부모에게 그 짜증과 화를 쏟아내거나, 자기 방에 틀어박혀 있기도 합니다. 부모와 거리를 두지 못하는 자신의 미숙함에 화를 내며 자책하는 아이도 있지요. 또, 이로 인한 스트레스와 '타인과의 관계 형성'을 추구하는 욕구 때문에 SNS나 온라인 게임 등 가상공간에서 강한 유대관계를 맺으려는 아이도 있습니다.

가상 세계에서 더욱 상처받는 아이들

초등학생들은 주로 게임을 조작하는 것 자체에 재미를 느낍니다. 그러나 사춘기가 되면 **타인과의 소통에서 즐거움을 느끼기도 하고, 게임 공간을 자신의 안식처처럼 생각하기도** 합니다. **이 같은 소통 도구를 통해 현실 세계의 대인관계를 강화할 수 있다면 유익하겠지만, 가상 세계의 관계에만 빠져들게 되면 정작 현실 세계에서 관계를 맺기 힘들어집니다.**

현실 세계에서 사람을 사귀거나 소통하는 데 어려움을 느끼는 아이일수록 가상 세계를 절실하게 필요로 하는 경향이 있습니다. 심한 아이는 부모조차 손 쓰기 어렵고, 자신도 현실 세계에서의 관계를 통제할 수 없게 됩니다. 거기에 사춘기의 연약함과 위태로움까지 더해지면서 주변 사람들이 염려할 정도로 가상 세계에 몰입하거나 혼자서의 힘으로는 빠져나오지 못할 때도 있습니다.

안타깝게도 가상 세계에서 만들어지는 인간관계는 매우 약합니다. 조금이라도 금이 가거나 충돌이 생기면 허무할 정도로 쉽게 단절되며, 그

관계가 회복되는 일도 없습니다. 그럴 때마다 일방적으로 상처받고 소외감을 느끼게 되며, 결국 남는 것은 원망과 상처뿐입니다. 아이에게는 가슴 아픈 경험이 아닐 수 없지요.

이를 막기 위해서는 현실 세계에서 상담할 수 있는 상대가 필요합니다. **부모 이외에 신뢰하고 소통할 수 있는 존재가 있다면,** 아이의 마음은 무척 든든해질 것입니다. 물론 의료기관이나 복지시설을 이용하는 것도 방법입니다. 그러나 자신이 좋아하는 운동의 스승이나, 초등학교나 유치원 시절의 담임교사 등, **지치고 힘들 때 만날 수 있는 사람들과 그들을 찾아갈 용기가 있다면** 훨씬 도움이 될 것입니다.

아이에게 부모는 든든한 울타리이다

지금까지 살펴보았듯이, 사춘기란 부모도 자녀에게서 한 발짝씩 멀어지고, 자녀도 부모에게서 조금씩 독립해 어른으로 성장하는 시기입니다. 그러나 아무리 그렇다 한들, **아이에게 부모는 언제까지나 든든한 울타리라는 사실은 변하지 않습니다.** 아이는 부모가 곁에 함께 있어 주는 것만으로도 안심합니다. 자신이 불안할 때 언제든 기댈 수 있는 울타리가 있다는 생각만으로도 평생 안정감을 느끼지요. **부모는 사춘기 아이와 튼튼한 유대관계를 형성해야** 합니다.

괴로운 사춘기지만, 돌이켜보면 우리는 누구나 한 번씩 그 성장통을 겪었습니다. 우리가 경험해보지 못한 미지의 세계는 아니라는 뜻이지요. 자신의 사춘기를 다시금 돌아보며, 지금 눈앞에 있는 아이의 사춘기를 마주해 보시길 바랍니다. 무리하지 말고 자신에게 맞는 속도로, 즐겁게 헤쳐 나갑시다.

제2부

의료의 역할

– '진단명'을 넘어 아이에게 다가가기

발달에 대한 진단은
어떻게 내릴까?

아이의 부모나 관계자들이 병원에 상담을 받으러 오는 이유는 아이의 성장과 발달이 염려되는 마음 때문입니다. 그럴 때 의사인 제가 어떻게 진단을 내리는지를 간단히 살펴보겠습니다. 진단은 다음 세 가지를 중점적으로 고려합니다.

① 아이의 발달 진단하기

제1부에서 언급했듯이, 무엇보다 **아이가 어떤 상태인지, 어떤 감정 때문에 그런 언행을 보이는지**를 상상해 봅니다. 아이의 성장 환경과 아이가 **어떤 뇌 유형에 속하는지**를 고려하고 진찰을 거듭하며 궤도를 수정합니다.

② 가족 진단하기

아이에 대해 확인하고 싶은 (또는 그렇지 않은) 점 등, 의료기관에 대한 가족의 생각을 듣습니다. 동시에 **부모가 가질 법한 복잡한 심정**에 공감해봅니다.

③ 종합하고 안내하기

아이의 진단 결과와 가족의 의견을 바탕으로, **'가정 이해'에 근거해 설명**합니다(틀린 부분도 많을 수 있다는 전제가 필요합니다). 또한, **앞으로 제가 의사로서 할 수 있는 일과 가까운 미래에 대한 전망**을 이야기합니다. 그리고 서로 합의한 방법부터 실행에 옮기고, 계속해서 함께 고민해 나갑니다.

이 세 가지를 더 자세히 설명하겠습니다.

① 아이의 발달 진단하기

아이의 발달을 진단할 때는 먼저 **아이의 발달 과정살피는 것이 가장 중요**합니다. 그리고 그 **아이의 감정을 헤아려보고, 지금 어떤 관계성에 있는지를 상상**하는 것이 첫걸음입니다. 이 과정은 제1부에서 소개한 사례들을 통해 아이들의 마음과 행동을 이해하고, 아이들이 어려움을 겪는 이유를 찾아가며 '가정 이해'를 실시한 것과 비슷합니다.

또한 '발달장애라는 척도'를 참조하고, 검사를 통해 **아이의 뇌 유형을 검토**합니다. 즉, **아이의 개성과 장점, '발달장애라는 척도'에 비추어보았을 때의 특성 등을 종합적으로 살펴보고 다양한 관점에서 아이를 이해**하려고 노력합니다.

그럼, 발달장애가 무엇인지 알아보겠습니다.

발달장애란?

현재 발달장애를 진단할 때는 세계보건기구(WHO)의 국제질병분류(ICD)*와 미국정신의학회의 정신질환의 진단 및 통계 편람(DSM)**, 이 두 가지 진단 기준을 사용합니다. 아이와 함께 상담기관이나 의료기관을 찾았을 때는 이 기준에 근거한 명칭이 사용될 가능성이 큽니다. 그러므로 간략하게나마 설명해 두겠습니다.

이 책에서는 일반적으로 알려져 있는 '발달장애'라는 명칭을 사용하고, 장애 특성에 대해서는 DSM-5에서 정한 명칭으로 설명합니다. 그에 따르면 **발달장애는 다음의 7가지로 분류**됩니다.

① 지적 발달장애(지적 장애)

② 의사소통 장애

③ 자폐 스펙트럼 장애

④ 주의력결핍 과잉행동 장애(ADHD)

⑤ 특정 학습장애(LD)

⑥ 운동 장애 - 발달성 협응 장애(DCD)***

⑦ 기타 신경 발달장애

* International Classification of Diseases. 2018년에 11차 개정판인 ICD-11이 발표되었다.

** Diagnostic and Statistical Manual of Mental Disorders. 최신판은 DSM-5 이다. 이 개정판에서는 '장애'라는 표현은 최대한 사용하지 않고 '~증'이라는 번역명으로 바뀌었다.

*** 운동 장애에는 발달성 협응 장애 · 상동 행동 · 틱 장애가 있지만, 이 책에서는 '발달성 협응 장애'에 대해서만 다뤘다.

그중 ⑦을 제외한 ①~⑥의 개요를 표로 살펴봅시다.

① 지적 발달장애(지적 장애)의 특징

특징	· 지적 기능이 평균 이하(기존 IQ로 평가할 수 있는 수준) · 연령 · 성별 · 사회문화적 배경이 같은 또래와 비교했을 때 일상 적응 능력에서 장애(사회적/대인관계 · 의사소통 능력, 생활 능력 평가)가 있음 · 발달기에 증상이 나타남 · 지적능력은 임상적 평가 · 지능검사 등으로 평가함
아이의 감정	· 자신이 잘 수행하지 못하는 이유를 알지 못함
부모가 힘들어하는 점	· 막연한 희망과 불안, 초조함, 강제
대처 방법	· 아이가 '지금 갖춘 능력'을 바르게 평가한다 · 할 수 있는 일, 흥미를 느끼는 일부터 시작한다 · 다음 단계를 바라본다 · 원활한 일상생활도 중시한다

② 의사소통 장애의 특징

특징	· 언어 장애: 표현성 · 수용성 언어 장애 · 언어음 장애: 구음(발음)이 부정확함 등 · 아동기 발병 유창성 장애: 말 더듬기 · 사회적(실용성) 의사소통 장애: 언어/비언어적 의사소통이 서투르나, 집착이나 감각 이상을 보이지 않음
아이의 감정	· 자기 생각대로 표현할 수 없어 짜증이나 부끄러움을 느낌
부모가 힘들어하는 점	· 짜증, 초조함, 화, 불안, 가여움, 미안함
대처 방법	· 되묻지 않는다(못한다는 생각이나 부끄러움을 심어주지 않는다) · 성장하면서 개선될 가능성이 있으므로 초조해하지 않는다

③ 자폐 스펙트럼 장애의 특징

특징	· 사회적 의사소통 및 상호관계에서의 지속적인 장애 · 전체적인 정신발달에 맞지 않는 사회적 상호관계 발달의 질적 이상 · 언어적/비언어적 의사소통 능력 발달의 질적 이상 · 한정적이며 반복적인 행동, 흥미, 활동 및 감각 장애
아이의 감정	· 모른다는 것에 공포에 가까운 강한 불안을 느낌
부모가 힘들어하는 점	· 이해받지 못함에 대한 분노 · 과도하게 힘을 주는 말투 · 딱딱한 인상을 줌
대처 방법	· 변화를 싫어하고 무서워하므로 시각적인 자료를 활용해 구조화한다 · 강제하지 않고 일관되게 대응하며, 안정감을 제공한다

④ 주의력결핍 과잉행동 장애(ADHD)의 특징

특징	· 12세까지 2개 이상, 6개월 이상에 걸쳐 나타나며, 다른 장애의 진행 중에 보이는 증상이라고 설명할 수 없는 심한 부주의 · 과잉행동 · 충동성 · 증상 진단에 필요한 항목은 부주의 9개 항목 중 6개 이상, 17세 이상의 청소년기에서는 5개 항목 이상, 과잉행동 · 충동성의 경우도 9개 항목 중 6개 항목 이상, 17세 이상에서는 5개 항목 이상이었음
아이의 감정	· 알고 있지만 자기 제어를 하지 못함, 잘 수행하지 못한다는 답답함
부모가 힘들어하는 점	· 항상 신경이 곤두서 있음, 주변에서 비난을 받기 쉬움 · 자책, 아이에 대한 공격적인 태도
대처 방법	· 행동을 통제하기 위한 체크리스트 등을 활용한다 · 자신감이 떨어지지 않도록 '좋은' 평가를 받을 수 있는 일을 수행하게 한다 · 부모의 지원, 약물 복용을 검토한다

⑤ 학습장애(LD)의 특징

특징	· 쓰기나 산수 등, 학습에 필요한 능력을 사용하거나 획득하는 데 어려움을 보임 · 발음을 틀리게 읽거나 읽는 속도가 매우 느림 · 읽은 단어나 문장을 제대로 이해하지 못함 · 반복적인 학습에도 철자를 틀리게 씀 · 수 개념을 이해하지 못함. 기본적인 산수 계산이나 수학적 추론을 어려워함
아이의 감정	· 학습을 따라가지 못한다는 좌절감, 자신이 바보 같다고 느낌
부모가 힘들어하는 점	· 무엇을 모르는지를 이해하지 못해 대처에 혼란을 느낌
대처 방법	· 이해하기 쉽게 지도한다 · 신체 균형을 강화한다 · 감정의 표현과 이해를 돕는다

⑥ 운동장애 – 발달성 협응 장애(DCD)

특징	· 지적 기능이 평균 이하(기존 IQ로 평가할 수 있는 수준) · 연령 · 성별 · 사회문화적 배경이 같은 또래와 비교했을 때 일상 적응 능력의 장애(사회적/대인관계 · 의사소통 능력, 생활 능력 평가)가 있음 · 발달기에 증상이 나타남 · 지적능력은 임상적 평가 · 지능검사 등으로 평가함
아이의 감정	· 자신이 잘 수행하지 못하는 이유를 알지 못함
부모가 힘들어하는 점	· 막연한 희망과 불안, 초조함, 강제
대처 방법	· 아이가 '지금 갖춘 능력'을 바르게 평가한다 · 할 수 있는 일, 흥미를 느끼는 일부터 시작한다 · 다음 단계를 바라본다 · 원활한 일상생활도 중시한다

증상의 강약 · 변화 · 동시 발현

발달장애란, 일정한 특성을 가진 '뇌의 범주', '뇌 유형'이라고 생각합니다. '발달장애'의 각 유형은 어디까지나 아이의 행동을 이해하기 위한 하나의 수단일 뿐이지요. 그 유형들이 나타내는 공통점이 있으므로 아이가 잘하고 못하는 것, 느끼는 감정 등을 예측할 수 있고, 나아가 그 유형에 맞는 대처 방법을 취할 수 있게 해줍니다.

그러나 '뇌의 유형'인 이상, **증상이 다양하게 나타날 뿐만 아니라 나타나는 정도도 저마다 차이를** 보입니다. 또한, **환경이나 성장 과정에 따라 바뀌기도** 합니다. 예를 들어 '자폐 스펙트럼 장애' 하나만 보더라도, 소위 자폐 증상이라고 부르는 **특색은 모두 일정하지 않습니다. 어떤 특성을 강하게 나타내는 아이도 있는가 하면 매우 약한 아이도 있지요. 또, 같은 아이라도 생활환경이나 상황에 따라 더 뚜렷하게 보일 때도 있고, 반면 잘 두드러지지 않을 때도 있습니다.**

그럼 어느 범위까지 자폐 진단을 받는지 궁금해하는 분들이 계실 텐데, 사실 그 선을 명확하게 긋기란 어렵습니다. 비유하자면 그러데이션으로 펼쳐진 세계와 유사하기 때문이지요.

기본적으로 특정 특징 때문에 일상생활이 매우 힘겹다면 '증상'이라고 합니다. 그러나 '좋은 특색'이라고 여겨진다면 당연히 문제 행동이 되지 않습니다. 더욱이 아이가 성장하면서 아이의 특색 또한 변화한다면 실제로 진단명을 다시 검토하기도 합니다. 또 한 가지 중요한 것은 **여러 가지 '발달장애' 유형이 함께 나타날 때도 많다는** 사실입니다. 다시 말해, 한 아이에게 오직 하나의 진단명만 내려진다고 단정할 수는 없습니다.

예를 들어, 발달성 협응 장애 증상만을 보이는 아이는 드뭅니다. 지적 장애나 자폐 스펙트럼 장애, 주의력결핍 과잉행동 장애가 함께 나타날 때가 많지요. 또한, 자폐 스펙트럼 장애와 주의력결핍 과잉행동 장애의 동시 발현은 예전부터 많은 사례가 보고되었습니다. 자폐 스펙트럼 장애의 특징인 '대인관계 형성의 어려움'이 두드러지는 한편, 주의력결핍 과잉행동 장애의 특징인 산만함과 부주의도 함께 나타나는 것입니다.

DSM-4에서는 자폐 스펙트럼 장애 진단을 받으면 주의력결핍 과잉행동 장애 진단명은 붙일 수 없었습니다. 그러나 DSM-5에서는 '자폐 스펙트럼 장애와 주의력결핍 과잉행동 장애'는 중복으로 진단을 내릴 수 있게 되었습니다. 실제 이렇게 진단을 받은 아이도 많습니다.

지금까지 살펴본 것처럼, 발달장애 진단에는 명확한 기준이나 경계선이 없습니다. 진단명을 내리는 의사도 저마다 다른 기준을 가지고 판단한다고 할 수 있습니다. 실제 A병원에서는 '주의력결핍 과잉행동 장애'라고 진단을 받았지만, B병원에서는 '자폐 스펙트럼 장애'라고 진단받는 사례도 있을 정도로 **의사들 사이에서도 진단명이 일치하지 않을 때**가 있습니다.

발달장애를 바라보는 새로운 관점

이렇듯 경계 구분이 매우 어려운 세계를 받아들이는 방법의 하나는 '장애'가 아닌, '다양성'으로 생각하는 것입니다. 이른바 '**신경 다양성(Neurodiversity)**'이라는 개념입니다. 이는 발달 정도의 차이를 우열이 아닌 개성으로, 장애가 아닌 하나의 범주로 인식하는 발상입니다.

또한, 스웨덴의 소아정신과 전문의 크리스토퍼 길버그 교수가 제창한 '조기징후증후군 ESSENCE(Early Symptomatic Syndromes Eliciting Neurodevelopmental Clinical Examinations)'이라는 개념도 주목받고 있습니다. 이는 어린 아이들에게 조기에 확정 진단을 내리는 것은 어렵지만, 조기에 그 아이의 상태에 맞는 세심한 지원은 가능하다는 사고방식입니다. 예를 들어, 아이가 빠른 발단 단계에서 지나친 산만함, 언어 발달 지연, 심한 편식 등을 보인다면, 발달장애로 판단하거나 진단명 자체를 서둘러 내리지 말고, 염려되는 면에 세심하게 대처해나가자는 개념입니다.

저 역시 **발달장애 진단을 내리기보다, 다양한 배경에서 자라왔을 아이들의 특성을 이해하고 부모랑 아이랑 함께 발달을 촉진하는 환경을 만들어 나가는 데 중점**을 둡니다. 그런 의미에서 조기징후증후군은 매우 유익한 개념이라고 생각합니다. 이 같은 시각을 가짐으로써 아이에게 어떤 진단명이 붙느냐보다, '아이의 상태에 맞춰 세심히 대응해 나간다'는 생각으로 지원의 핵심을 확실히 하고, 현재 일상생활에서 필요한 지원을 함께 고민하고 실천해 나갈 수 있기 때문입니다.

② 가족 진단하기

아이의 발달을 진단하면서 동시에 자녀의 성장을 염려하는 부모와 가족의 마음도 헤아려 나갑니다. 이 또한 제1부에서 사례를 살펴볼 때 중요하게 여긴 관점입니다.

부모의 성장 환경

부모는 아이의 성장을 응원해주는 든든한 지원군이지만, 마음속으로는 여러 가지 불안을 느끼고 있습니다. 특히나 첫아이를 낳은 경우, 부모는 아이를 키워본 경험이 없습니다. 양육에 있어서는 초보인 셈이지요. 그럼에도 어떻게든 부모 역할을 할 수 있는 이유는 자신이 자라온 환경이 있기 때문입니다.

그러므로 **가족 진단을 내리기 위해서는 '부모를 포함한 가족이 어떤 환경에서 양육되었는가'**를 알아야 합니다. 각 가정마다 라이프 사이클이라는 것이 있는데 이것부터 알아보겠습니다.

부부는 서로 다른 환경에서 자라오다 만나 가정을 꾸리고, 아이가 세상에 태어나면서부터 비로소 부모가 됩니다. 함께 생활하기 위해서는 각자가 자라온 문화를 공유하고 이해하며, 타협점을 찾을 필요가 있습니다.

아이를 양육할 때 부모가 헌신적일 필요는 있지만, 그것이 전부는 아닙니다. 저는 종종 진찰실에서 아이 부모님으로부터 누구의 엄마 혹은 아빠가 아닌, 한 사람으로서의 인생 이야기를 듣게 됩니다. 이때는 아이 상담과는 별개로 부모 각각의 의료 차트를 작성하고 이야기를 듣는 시간을 마련합니다. 이야기를 듣다 보면, 성장 과정이 순탄하지 않았거나 자신의 부모와 불화가 있거나, 형제와 사정이 있어 소원하게 지내는 등, 성장 과정에 얽힌 다양한 에피소드가 있습니다. 또, 원만하지 않은 부부 사이나 일과 육아의 병행 때문에 고심하는 등, 저마다 속사정을 안고 있습니다.

상담을 진행해 나가는 가운데 '아이에게 해온 행동은 자신의 부모가 자신에게 했던 행동'이었음을 깨닫는 부모도 있습니다. 자신의 성장 과정에서의 문제를 직면하고, 그런 자신이 아이를 키워나가야 한다는 사실에 버거움을 느끼기도 하지요. 그럴 때는 아이보다 먼저 '부모를 지탱하는 것'에 초점을 맞춰봅니다.

가족이 현재 의사에게 확인해주길 바라는 점을 헤아리기

부모의 성장 과정을 고려하고, 나아가 '지금 부모가 아이를 어떤 마음으로 마주하고 있는지', '가족이 아이의 발달을 어떻게 판단 · 이해하고 있고, 의사와의 상담에서는 무엇을 기대하는지'도 가족을 진단할 때 중요한 요소입니다.

예를 들어, 엄마는 "또래보다 발달이 조금 더딘 것 같은데…?"라고 아이를 걱정하는 반면, 아빠는 "무슨 걱정이 그렇게 많아. 괜찮아, 내가 어떻게든 해 볼게!"라고 말하고, 형제는 "도대체 왜 맨날 심술을 부리는 거야!"라고 반응할 수 있습니다. 또, 조부모라면 부모가 된 자식에게 "자꾸 신경 쓰니까 더 그렇게 느끼겠지. 애가 아빠나 엄마 누구를 닮은 건가?"라는 말을 할 수도 있지요. 이처럼 가족 개개인의 필요와 생각은 다양합니다.

아이에게 진단명이 붙기를 원하지 않지만 대처 방법은 알고 싶다는 부모가 있는가 하면, 진단명을 확실히 알고 그에 맞게 대처하고 싶다는 부모도 있습니다. 또, 아이 아빠가 자녀에게 무관심하다면, 의사가 "진단을 받은 아이인 만큼, 아버님도 함께 노력해주세요."라고 말해주길 바라는 경우도 있습니다. 이 밖에도 주변 사람들에게는 아이의 증상을 설명하고 이해를 구하고 싶지만, 조부모에게는 알리고 싶지 않다는 부모도 있고, 학교에 알려야 할지를 두고 고민하는 부모도 있습니다.

가족 진단은 늘 신중하게 하고, 대화할 때 사용하는 표현에도 신경을 씁니다. 그럼에도 불구하고 제가 드리는 정보가 가정에서 부정적으로 작용하거나 가족 구성원 누군가에게 상처를 줄 수도 있고, 낙심하게 할 수도 있습니다. **예를 들어 제가 생각했을 때는 '효과적인 방법'이라 하더라도 부모에게는 받아들이기 어려운 제안일 수도** 있지요. 어쩌면 '나는 그만큼 노력할 수 없다', '그 정도도 노력하지 못하는 나는 부모 자격이 없다.'고 받아들일지도 모릅니다. 반대로 '내가 짊어질 수밖에 없어. 내가 더 힘을 내야 해.'라고 자신을 채찍질하며 주변에 도움을 구하지 않겠다는 각오를 다질 수도 있지요.

발달 진단으로 인해 두드러지는 문제는 특정한 대처법을 사용한다고 해서 단기간에 해결되지 않습니다. 대부분 긴 호흡을 가지고 마주해 나가야 하지요. 진찰실을 찾은 부모 중에는 그런 장기전을 시작하기에 앞서, 지금 상태가 어떤지, 언제까지 버틸 수 있는지, 의학적 정보는 얼마나 얻을 수 있는지 등, 미래를 멀리 내다보는 경우가 있는가 하면, 현재 상황만으로도 벅차다는 부모도 있습니다.

그렇기에 우선은 '가족이 진찰실에서 무엇을 확인하고 싶은지(또는 그렇지 않은지)'에 대해 이야기를 듣고 진단을 내린 다음, 부모의 감정 상태를 늘 헤아리고 그에 맞추어 필요한 정보를 전달해 나가야 합니다.

부모와 아이가 마주함으로써 고민을 풀어가는 가족의 이야기

제1부에서 살펴보았듯이, '아이의 이해하기 힘든 행동'이 그 가족에게 파도로 작용해, 부모 자녀 관계가 틀어지거나 가족 관계에 문제가 생기는 것처럼 보일 수도 있습니다. 특히 아이의 부족하거나 불안정한 면에 자꾸 집중하다 보면, 아이가 일상에서 보이는 작고 긍정적인 변화를 알아차리기 어려워지면서 기쁨을 누리지 못할 수 있습니다.

그러나 반대로, 그 파도 덕분에 가족이 서로 똘똘 뭉치고, 아이의 양육을 객관적으로 바라보며, 즐겁게 양육하게 될 때도 있을 것입니다. 그렇다면 아이가 보인 행동은 결과적으로 유익했다고 할 수 있지 않을까요.

아이가 보여주는 이해하기 힘든 행동에 다가가려고 노력해도 좀처럼 답을 얻기란 쉽지 않을 수 있습니다. 그러나 그 과정에서 부모는 진정한 부모가 되어 가고, 아이는 자신의 마음을 잘 표현할 수 있게 되는 등, 가족의 새로운 이야기가 만들어집니다. 저는 그것이 **앞으로도 이어져 나갈 부모 자녀 간의 기나긴 이야기**가 되고, 그 이야기가 조금이라도 긍정적인 방향으로 나아가기를 바라고 있습니다. 또한, 항상 **가족이 양육을 함께함으로써 건강하고 안정된 관계를 형성하는 것, 그리고 무엇보다 매일매일 일상을 즐겁게 보내기를** 소망합니다.

어떤 아이든 자신의 속도대로 반드시 성장합니다. 설령 부모가 설정한 목표에는 맞지 않더라도 말이지요. 그 사실을 부모와 가족이 함께 기뻐했으면 좋겠습니다. 저라면 아이가 성장하는 순간에 "잘됐다, 정말 장하구나!"라고 말해줄 것입니다. 그런 순간 하나하나를 가족과 공유하며 아이의 성장을 함께 축하해 나가고 싶습니다.

③ 종합하고 안내하기

아이의 발달 진단, 가족 진단을 바탕으로 아이 본인과 가족 구성원 각각의 인생, 지금까지의 생활 및 전망을 정리합니다. 지금까지 아이의 성장에 대해 "저는 이런 식으로 이해하고 있습니다. 다르거나 틀린 점이 있다면 알려주세요."와 같은 식으로 **의사로서의 가정 이해를 정리하거나 변경**합니다. 그리고 **가까운 미래도 상상**해 나갑니다.

아이 생활의 질을 끌어올리는 계획

발달장애란 단순히 발달에 장애가 있을 때가 아니라, 생활에 지장을 초래해 '생활 장애'가 생길 때 진단되는 것이라고 생각합니다(진단에 관한 제 생각은 후술하겠습니다). 그러므로 **'발달장애 진단'을 내리기란 쉽지 않지만, '생활 장애에 대한 지원'은 그때마다 가능한 범위에서 설정**할 수 있다고 생각합니다.

앞서 158쪽의 ESSENCE라는 관점에서도 살펴보았듯이, 아이가 무언가 어려움을 안고 있다면 일상생활에서 그것을 줄여줄 방법을 모색하고, 해결을 위해 상담하는 것을 목표로 삼습니다. 구체적인 대처 방법이나 환경 조성을 제안하고, 어떻게 형제자매 간의 충돌을 막을 수 있을지, 아이 아빠에게 어디까지 이해를 구해야 할지, 유치원이나 학교와 어떻게 연계하면 좋을지 등, 내담자인 가족들의 필요에 맞추어 계획을 세워나갑니다.

이처럼 생활의 구체적인 지원 방법을 생각해 나가기 위해서는 '① 아이의 발달 진단'에서 해설한 '발달장애의 척도'에 맞추어 진단을 내려야 합니다. 또한, 동시에 아이가 어떤 능력을 지니고 있고, 무엇에 어려움을 느끼는지를 파악하고, **또래 관계는 원만한지, 행동 면에서 문제가 없는지, 운동 면에서 어려움은 없는지, 의사소통은 원활한지, 학습은 잘 따라가는지 등, 생활에서의 요소에도 주목**하며, 아이의 일상으로 연계되는 방법을 생각해 나갑니다.

예를 들어 5세 준우는 운동능력 중에서도 협응 운동에 서툴러, 젓가락조차 제대로 사용하지 못했습니다. 그러나 준우는 "친구들은 다 자전거를 잘 타는데, 나만 못 타는 건 싫어!"라며 열심히 노력했고, 그 결과 보조 바퀴 없이 자전거를 탈 수 있게 되었습니다. 준우는 대단한 노력파라는 것을 알 수 있었고, 이것은 아이의 장점이기도 했습니다. 저는 어머님에게 "이건 정말 대단한 겁니다."라고 이야기하며 함께 기뻐했습니다. 그리고 "어머님이 걱정하시는 글씨 쓰기는 소근육이 발달해야 잘 할 수 있습니다. 그래서 대근육 운동보다 노력이 더 필요할 것 같습니다. 하지만 준우는 노력파니까 조금씩 성장할 겁니다. 소근육 운동 대책도 함께 생각해 보시죠."라고 말했습니다. 아이가 어려움을 느끼는 협응 능력 문제라는 의학적인 진단은 내리지만, 개선과 노력을 통해 잘할 수 있습니다.

거기에 더해, 또래 관계 형성이 잘 되는지도 살펴볼 필요가 있습니다. 친구가 먼저 권유할 때까지 기다리는지, 권유를 받아도 자신의 페이스를 유지하는지와 같은 관점에서 보았을 때, 진단명과는 별개로 또래 관계 면에서 아이가 친구들과 잘 어울리는지 혹은 겉도는지 등도 검토할 필요가 있습니다.

학습능력의 지적 능력에 있어서는 취학기 사례에서 살펴본 것처럼, 아이의 능력이 어느 정도인지, 또 잘하거나 서툰 부분은 무엇인지를 파악해야 합니다. 그런 다음, 아이의 능력을 키워가기 위해서, 적어도 아이가 자신감을 잃거나 괴로운 경험을 하지 않도록 통합학급과 특수학급 중 어느 쪽을 선택하는 편이 나을지 고민하는 등, 환경 조성도 함께 검토해야 합니다.

'일단 지켜봅시다'라는 말을 들었을 때

아이와 가족을 진찰할 때는 "앞으로 한 달에 두 번, 아이와 함께 진찰실을 찾아주세요. 함께 이야기를 나누면 좋겠습니다."라고 말할 때도 있고, "부모님께서는 한 달에 한 번 오시고, 아이는 두 달에 한 번 오면 됩니다."라고 전할 때도 있습니다.

또, "학교 선생님도 이해하실 수 있도록 아이의 증상에 관한 정보를 정리할 필요가 있습니다."라고 검사를 제안하거나, "언어치료사의 도움을 받으면서 아이 상태를 지켜보시죠.", "관계자와 연계해 나가면서 든든한 지원군을 많이 만들어야 합니다." 등, 세부적인 계획을 세우며 대처 방법을 검토합니다. 물론 이것은 아이의 상황과 생활 내용에 맞춰 변경되기도 합니다.

저도 "일단은 조금 지켜보시죠. 지금은 부모님께서 아이에게 적절히 대처해주고 계셔서 학교(혹은 유치원)에서도 별로 문제가 없을 것 같아요. 그러니 진찰실에는 중간에 한 번씩 오시면 될 것 같습니다."라고 이야기할 때가 있습니다.

예를 더 들어보자면, "봄에는 신학기가 시작되고 담임선생님도 새롭게 바뀌니, 겨울 방학 중에 한 번 상담하시죠."라고 제안하고, 겨울 방학 중의 진찰에서 아이의 그때까지의 모습과 가족의 생각을 확인합니다. 그리고 "신학기를 대비한 계획을 세워야 할 것 같습니다."라고 전할 때도 있습니다. 만약 그때까지 부모님이 일상생활에서 위기감을 느끼지 않는 것 같으면 "새로운 담임선생님으로 바뀐 뒤에 오시면 어떨까요?", "혹시 아이가 친구 관계 때문에 힘들어하면 바로 오시길 바랍니다."라고 안내합니다.

그런데 의사로부터 "일단 지켜봅시다."라는 말을 듣게 되면, 앞으로 어떻게 하면 좋을지 몰라 갈피를 잡지 못할 수도 있습니다. '일단 지켜봅시다'라는 말을 할 때는 **지금 상태는 어떤지, 다음 진찰까지 간격의 의미와 그때까지 주의해야 할 점을 이해할 수 있는 범위에서 제시하고, 그래도 위급하거나 염려되는 일이 생기면 연락해달라고 말하는 것**이 전제라고 생각합니다.

"6개월 정도는 집에서 봐주시겠습니까?", "운동회가 끝났을 무렵에 와주시겠어요?" 등, **기간을 명확하게 알리고 또래 관계나 학습, 담임교사와 아이의 성향, 여름방학 이후 학교생활 적응도 등, 유심히 보아야 할 부분을 구체적으로 이야기해** 둡니다. 그렇게 하면 가족은

'그냥 방치하는 게 아니구나'라고 느낄 것이고, 그때까지의 대응에 대해서도 어느 정도 이해할 것입니다. 그 기간에 해야 할 일을 그려 볼 수도 있지요.

반대로 아이가 학교 행사 때 긴장을 많이 해서 걱정이 된다면, 부모님이 먼저 의사에게 "운동회가 열리기 전에 한 번 진찰을 받고 싶어요."라고 언급해 두면 좋습니다.

지금까지 제가 진찰 때 실시하는 '발달에 대한 진단'에 대해 살펴보았습니다. 제가 의사로서 눈앞에 있는 아이과 가족에게 지금 어떤 지원을 할 수 있는지를 다시금 스스로에게 물음을 던져 보면, 이렇게 정리됩니다.

확정 진단을 서두르지 말고 사소한 어려움이라 하더라도 세심하게 지원하는 것, 그리고 진단명이 붙든 그렇지 않든 부모가 느낄 양육의 고됨을 위로하는 것입니다. 진단명이 확정되지 않더라도 양육에 필요한 적절한 대처와 보육·교육은 할 수 있으며, 아이를 이해하는 일 역시 가능할 것입니다. **이를 위해 의료는, 그 가족이 현재 가장 바라는 것을 파악하고, 지금은 듣고 싶지 않을 법한 정보는 관계에 주의하며 언제 알려야 좋을지를 고민해 나가면서 현재 할 수 있는 것부터 하나씩 알리는 역할**이 필요합니다. 이것이 제가 상담을 진행할 때의 일차적인 임상 목표입니다.

'진단'에 대하여

물론, 의학적 관점에서 진단은 매우 중요합니다. 의심할 여지가 없는 것이지요. 더군다나 '조기 발견 · 조기 대응'이 중요시되는 요즘은 '진단명'이 필요할 때가 있습니다. 발달 지연이 염려되는 아이를 돕기 위한 제도나 서비스 등을 활용하기 위해서지요. 또한, 부모나 보육 · 교육 현장의 교사들이 아이에게 필요한 적절한 대응 방법을 찾기 위해 '아이에게 명확하게 어떤 장애가 있는지'를 궁금해하는 것도 자연스러운 현상입니다.

그러나 저는 **아이에게 진단명 붙이기를 서두르기보다, 한명 한명의 생각과 주변 사람들과의 관계를 살피고, 현재 생활에서 가능한 지원 방법을 모색**하는 것을 중시합니다. 그럼, 여기서 진단에 대한 제 나름의 생각을 적어보겠습니다.

시간을 두고 아이를 관찰하는 이유

저는 웬만해서는 한두 번의 진찰만으로 진단명을 내리지 않습니다. 병원에서 의사가 접하는 아이의 모습은 일부에 불과하며, 평소 생활에서 보이는 모습이 아닐 가능성이 크기 때문입니다. 진찰실에서 아이가 제게 보여주는 모습이 아이의 있는 그대로의 모습인지, 집 밖에서 보이는 모습인지, 한두 번의 만남만으로는 파악하기 어렵지요. 그러므로 아이의 말이나 행동을 종합적으로 보고 '이런 뇌 유형일까?'라고 상상은 하지만, 그것만을 전제로 삼지는 않습니다. 아이의 언행을 있는 그대로 보이도록 하고, 시간을 두고 아이와 부모님과 상담을 진행합니다.

물론 초진 단계에서 진단명이 무엇인지, 아이가 무슨 장애인지를 물어보시는 부모님도 있습니다. 그럴 때 저는 "몇 차례 더 진찰해 보지 않고는 알기 어렵습니다.", "검사도 필요하고, 일상생활에 대한 가족 이외 사람들의 평가도 알 필요가 있습니다."라는 말을 통해 시간을 가지고 아이를 진찰할 필요가 있음을 알립니다.

반면 "지금은 진단명을 듣고 싶지 않습니다. 진단명 때문에 좌절하고 싶지도 않고, 상처받고 싶지도 않거든요."라고 호소하는 부모님도 있습니다. 그럴 때는 "네, 알겠습니다. 서둘러 **진단명을 내리든 내리지 않든, 지금 할 수 있는 대응이 더 중요하니까요. 진단명은 잠시 보류해 두겠습니다.**"라고 대답합니다.

한편, 복지 서비스 신청이나 초등학교 입학 때문에 진단명이 꼭 필요할 때가 있습니다. 그런 경우는 아이에게 필요한 지원을 받기 위해 "이렇게 진단명을 내리면 좋을 것 같습니다."라고 부모님과 상담하기도 합니다. 다만 이때, "지금 단계에서 약 80%의 확률을 보이는 진단명으로 하겠습니다. 하지만 추후 바뀔 수도 있습니다."라고 덧붙입니다.

'진단명' 붙이기의 긍정적·부정적인 측면

진단명은 결코 아이의 모든 것을 표현하지 않습니다. 진단명이란 하나의 기호에 불과하다고 느낄 때도 있습니다. 다만, **그 기호가 존재하기 때문에 아이의 말과 행동을 이해하기 위한 실마리, 말하자면 '공통인식'을 가질 수 있습니다.** 또한, 그 아이가 생활에서 느끼는 어려움이 자신의 노력 부족이나 부모의 잘못된 양육 방식 때문이 아니라, '그 아이의 뇌 유형에서 비롯된다'라는 이해로 이어진다는 장점도 있습니다. 여태까지 우려스럽던 아이의 언행이나 양육의 어려움이 어느 정도 설명된다면, 아이도 부모도 더는 자책할 필요가 없어질 것입니다. 이는 매우 중요한 부분입니다. 이해하기 힘든 것을 이해하지 못한 채 그대로 두는 것은 괴로운 일이지요.

반면, **진단명이 붙게 되면 획일적이거나 제한된 방식으로 아이의 언행을 받아들이게 된다는 부정적 측면**도 있습니다. 몇 년 전에 만났던 어느 어머님의 이야기입니다. "저희 아이는 넓은 들판을 좋아해요. 항상 나무 작대기를 손에 들고 잠자리나 새를 쫓아다니면서 몇 시간이고 신나게 뛰어다녀요. 그리고 성격은 얼마나 꼼꼼한지 장난감 미니카를 줄을 맞춰 세워놓고는 예쁜 미소를 보인답니다. 제가 조금이라도 미니카 줄을 흐트러뜨리면 정말 심각한 얼굴로 화를 내요. 그 모습도 정말 사랑스러웠죠. 그런데….." 어느 날, 어머님은 아이의 발달이 더딘 것 같아 걱정스러운 마음에 병원을 찾았고, 그곳에서 **"어머님, 그 행동은 자폐 스펙트럼 장애에서 볼 수 있는 '집착'입니다."라는 말을 들었다고 합니다. 진단명을 듣고 나자, 아이에 대한 어머님의 시각이 180도 바뀌고 말았습니다.**

"그 순간, '여태까지는 사랑스럽다거나 특이하다고 느꼈던 아이의 행동이 장애구나…'라는 생각에 아이를 바라보는 눈이 바뀌고 말았고, 장애라면 얼른 치료해야겠다는 생각만 들었어요. 그럼 앞으로는 나무 막대기도 갖고 놀게 해선 안 되고, 미니카도…. 그런 식으로 생각했더니 '아이의 미소도 장애인 걸까?'라는 생각이 들면서 고민이 많아졌어요."

저는 어머님께 제 의견을 말했습니다. "아이가 좋아하니까 잠자리를 쫓는 것일 테고, 미니카 줄 맞추기도 좋아해서 하는 행동이겠죠. 저는 문제없다고 생각합니다."

그러자 "선생님, 저희 아이를 잠자리와 새를 좋아하고, 뛰어다니는 것을 좋아하고, 미니카를 좋아하는… 그런 아이라고 생각해도 되는 건가요?"라고 오히려 질문이 돌아왔습니다. "물론이죠!" 저는 이렇게 대답하면서도 생각에 잠겼습니다. **의학적 진단명이 어떤 의미에서는 아이의 흥미나 관심사조차도 '장애'로 만들어 버리는 것은 아닐까,** 하고 말입니다. 그러니 진단을 받은 아이의 가족이 '장애가 되는 부분'을 개선해야 한다고 생각하는 것은 무리가 아닐지도 모릅니다.

또, 다른 어머님으로부터는 이런 이야기를 들었습니다. "저희 아이는 자폐 스펙트럼 장애라고 진단받았어요. 미니카를 한 줄로 맞춰 세워놓거나 돌아가는 팽이를 시간 가는 줄 모르고 바라보거나, 열차나 역 이름을 척척 외워요. 자폐 스펙트럼 장애 책에서 읽은 증상과 정말 같아요. 그런데 최근에 초등학교 교실에서 뛰어나가는 일이 있었어요. 혹시 자폐 스펙트럼이 아니라, ADHD가 된 건 아닐까요?" 저는 엄마 옆에 가만히 앉아 있는 아이에게 물었습니다. "왜 교실을 뛰쳐나갔니?" 그러자 아이는 "공부가 재미없으니까요." 라고 알려주었습니다.

진단명이 내려진 순간에 '아이에게 다가가기'보다, '그 장애에 대해 배워야 한다'고 생각하게 될 때도 있습니다. 그 진단명이 무엇인지 열심히 공부하다보니 '어떤 행동은 이 장애의 특성이다.', '이런 특성에는 이런 방식으로 접근해야 한다.'와 같은 이해로 이어져 버리지요. 물론 이 역시 아이를 위하는 부모의 마음에서 비롯되었을 것입니다. 그러나 그것에만 집중하다 보면, 정작 **아이를 양육해 나가는 즐거움을 잃어버리지 않을까 하는** 걱정도 됩니다.

진단명을 넘어 아이에게 가까이 다가가기

진단명은 어디까지나 아이의 일부에 지나지 않습니다. 중요한 것은 **같은 진단명을 가진 아이라도 저마다 모두 다르다**는 사실입니다. 그러므로 우선 아이의 마음에 다가가려는 노력이 중요하다고 생각합니다. '자폐 스펙트럼 장애 찬혁이', 'ADHD 수아'와 같은 시각이 아니라, 그 아이의 눈높이에서 "찬혁이는(수아는) 이런 감정을 느끼고 있을 겁니다."와 같이 아이의 마음을 헤아리기부터 시작하는 것이지요.

예를 들어 자동차 타이어나 선풍기 날개가 빙글빙글 회전하는 모습을 하염없이 지켜보는 아이가 있다고 합시다. 이때 "역시 자폐 스펙트럼 장애를 앓는 아이들은 이렇게 회전하는 것을 좋아하네요."라고 획일적으로 표현하는 것은 그 아이에게 실례라고 생각합니다. 빙글빙글 돌아가는 모습을 보며 즐거워하는 아이의 감정이 '자폐 스펙트럼 장애'라는 기호에 의해 "회전하는 것을 보며 즐거워하는 유형입니다."라는 설명으로 결론지어질 때 저는 상당히 불편함을 느낍니다. 1분에 몇 번 회전하는지, 속도는 얼마나 빠를지, 계속 회전하는데도 타이어와 선풍기 자체는 회전하지 않는다는 사실 등, 회전하는 물체를 보며 이런저런 생각을 하는 아이와 마주하면 즐거울 텐데 말이지요.

우리 아이의 풍부한 세계를 함께 즐기기

제1부에서 사례를 소개하며 "이 아이는 이런 진단명에 해당합니다. 그러니까…."와 같은 설명은 하지 않았습니다. **발달장애 유형에 대해 배우기보다 "이 아이는 이런 감정일 겁니다."라고 마음을 헤아리는 것부터 시작하길 바라는 마음**을 담았기 때문입니다. 풍부하고 다채로운 아이들의 말과 행동이 '집착이 강하다', '매우 충동적이다', '오감이 지나치게 예민하다' 등, 발달장애의 특성을 나타내는 문구로만 치환되는 것은 매우 안타까운 일이 아닐 수 없습니다.

그럼, 그 아이는 왜 특정 대상에 집착하는 것일까요? 그 이유를 생각해 나가다 보면, 세상 사람들이 모두 엘리베이터의 버튼을 누르거나, 전기 스위치를 켜거나, 수도꼭지를 틀고 싶어 하지는 않을 것이라는 사실을 깨닫게 될 것입니다. 아이가 선택한 것을 깊게 파고 들어가면 '그것을 좋아하거나 가지고 싶다'는 아이의 마음과 '수많은 선택지 중에 잘 골랐다'라고 생각하는 가치관에 가까이 다가갈 수 있지 않을까요.

예를 들어, 아이가 '열차를 좋아한다'고 하더라도 실은 '열차' 하나로만 묶을 수는 없습니다. 열차 세계도 무척 다양합니다. KTX와 같이 고속열차를 좋아하는 아이가 있는가 하면, 침대칸을 좋아하는 아이도 있고, 고속 주행하는 열차의 소리를 좋아하는 아이도 있습니다. 또 열차 노선도나 무인역을 좋아하는 아이도 있지요.

제가 종종 아이가 좋아하는 분야의 이야기를 꺼내면, 아이로부터 "그건 별로 안 좋아해요."라는 말이 돌아오기도 합니다. 좋아하는 것에도 미묘하지만, 분명한 차이가 있는 것입니다. 저는 그런 집착을 흥미롭다고 생각하고, 깊이가 있다고 감탄하기도 합니다. 진찰 시에 "이런 유형의 아이는 역시 열차를 좋아하는군요."라고 획일적인 표현을 사용한 날에는 '아이가 이 말에 반박하지 않을까?'라는 생각이 들 정도입니다.

물론 '발달장애' 역시 그 아이를 이해하기 위한 실마리입니다. 아이가 가진 장애의 특성이나 증상을 배우는 것은 매우 중요하지요. 그러나 그것만으로는 아이들 개개인의 풍부한 내면에 다가갈 수 없습니다. '발달장애'라는 색안경을 내려놓고, 우리 아이를 있는 그대로의 모습으로 바라봐 주시길 바랍니다.

살면서 느끼는 기쁨도, 그 과정에서 입는 상처도, 그리고 그에 대한 주변 사람들의 반응도 각자가 몸소 경험하며 살아갑니다. 저를 비롯한 정신과 의사들은 그 아이와 가족을 위해 가능한 범위에서 아이의 발달을 촉진할 수 있는 환경을 함께 만들고자 노력합니다. 다만, 아무리 의사라고 해도 타인이기에, 아이 본인과 가족에 대해 충분히 이해하고 공감하기는 어렵습니다. 저 역시 마찬가지입니다.

그렇기에 더욱 대화를 계속하고, 함께 고민하고 있습니다.

　누군가를 이해하는 데 필요한 '안경'은 많을수록 좋을 것입니다. 그러나 그 안경을 통해 보이는 것이 늘 진실은 아닙니다. 안경은 어디까지나 도구에 불과합니까요. 마지막으로 그 도구에 지배당해서는 안 된다는 것, 그리고 이해에는 끝이 없다는 사실을 당부하고 싶습니다.

에필로그

먼저 이 책을 읽어 주셔서 감사드립니다. 이 책은 비교적 짧은 기간에 걸쳐 만들었습니다. 편집자인 나카모토 도모코 씨는 각별한 마음으로 제 등을 떠밀어 주셨지요.

제작 과정에 대해 말씀드리자면 먼저 저와 나카모토 씨, 그리고 대필 작가인 나카노 아키코 씨가 온라인 메신저를 통해 총 수십 시간 동안 이야기를 주고받았습니다. 그 대화 내용을 전부 글자로 옮긴 뒤, 나카노 씨가 글로 다듬어 주셨고, 제가 다시 읽어 보며 수정하는 작업을 반복했습니다. 오랜 벗이기도 한 나카노 씨는 임상에 대한 저의 자세를 이해하고, 저의 생각과 마음을 저보다 더 잘 표현해 주셨습니다. 또한, 글이 지나치게 저의 개인적인 생각으로 치우치지 않도록 많은 조언과 의견을 덧붙여 주셨습니다. 이 책은 이렇게 해서 완성되었습니다.

여기서 잠시, 뒷이야기를 들려드리겠습니다. 중요한 부분이기도 해서 에필로그에 적어두고 싶습니다. 그것은 바로 이 책의 제목을 결정하는 데 상당히 애를 먹었다는 사실입니다. 〈'발달장애'만으로 아이를 보지 않는다*)는 문구는 고민하고 고민한 끝에 만들었습니다.

저의 생각은 제2부 후반에서 설명한 것과 같습니다. 12가지 사례에서 소개한 저의 대응 방법 역시 그 생각을 바탕으로 합니다. 그러나 '과연 이 제목만으로 내 생각이 전달될까?'라는 고민은 계속되었습니다. 물론 의학적인 관점에서도 발달장애라는 개념 자체를 부정하지는 않습니다. 그렇기에 더더욱 '발달장애로 아이를 보지 않는다'와 같이 발달장애를 부정하는 듯한 제목은 지양했습니다.

하지만 저는 단순히 '아이의 발달장애'에 대해 쓰고 싶지 않았습니다. 저는 아이와 가족, 그리고 관계자와 얼굴을 마주하고 생활의 작은 부분까지 상담할 때, 그저 한 명의 임상의로서 '발달장애'만으로 이야기를 진행해서는 안 되며, 그렇게 될 수도 없다는 생각을 강하게 가지고 있습니다. 그럼에도 때로는 '발달장애'만으로 이야기가 끝날 뻔한 적도 있었습니다.

제가 마주하고 있는 것은 '발달장애'가 아니라, 다채로운 개성을 지닌 아이들과 그들의 가족입니다. 이 같은 저의 생각을 얼마나 잘 전달할 수 있을지, 그 전에 제가 그들에게 가까이 다가갈 수 있을지는 늘 고민하지만, 아직 풀지 못한 숙제이기도 합니다. 그러한 맥락에서 지금 제목으로 결정했습니다.

이 책은 최대한 솔직하게 썼습니다. 그 점에서는 나카노 씨의 역할이 무척 컸습니다. 책 제목을 지을 때는 저의 고집을 들어주시기

---

* 「発達障害」だけで 子どもを見ないで'로 원서 제목의 일부이다.

도 했습니다. 책 제목을 통해 저의(저희들의) 생각이 잘 전해졌을까요? 이 책을 마지막까지 읽으신 여러분께 와닿았는지 모르겠습니다.

책을 만드는 과정에서는 편집자 나카모토 씨를 무척 힘들게 했습니다. 그럼에도 마지막까지 포기하지 않고 애써주신 점, 진심으로 감사드립니다. 대필 작가 나카노 씨와는 이 책 덕분에 정말 오랜만에 함께 일할 수 있었습니다. 제 생각을 충분히 이해하고, 그것을 저보다 글로 잘 표현해내는 분입니다. 이번에도 능력을 유감없이 발휘해 주셔서 감사드립니다.

두 분의 도움이 없었다면 이 책은 탄생하지 못했을 것입니다. 처음에는 이 같은 형태로 책을 만드는 것에 선뜻 동의하지 못했던 저에게도 무척 의미 있는 작업이었습니다. 두 분께는 다시 한번 감사의 말씀을 드립니다.

2019년 11월 어느 휴일. 진찰실에서
다나카 야스오

발달장애를 넘어
'이해하기 힘든' 아이의 세계에 공감하기

탓하지 않는 육아

초판인쇄 2024년 04월 30일
초판발행 2024년 04월 30일

지은이 다나카 야스오
옮긴이 일본콘텐츠전문번역팀
발행인 채종준

출판총괄 박능원
책임편집 유나
디자인 김예리
마케팅 전예리 · 조희진 · 안영은
전자책 정담자리
국제업무 채보라

브랜드 이담북스
주소 경기도 파주시 회동길 230 (문발동)
투고문의 ksibook13@kstudy.com

발행처 한국학술정보(주)
출판신고 2003년 9월 25일 제406-2003-000012호
인쇄 북토리

ISBN 979-11-7217-202-2 03370

이담북스는 한국학술정보(주)의 학술/학습도서 출판 브랜드입니다.
이 시대 꼭 필요한 것만 담아 독자와 함께 공유한다는 의미를 나타냈습니다.
다양한 분야 전문가의 지식과 경험을 고스란히 전해 배움의 즐거움을 선물하는 책을 만들고자 합니다.